# DATHLU RYGBI CYMRU

## Elin Meek

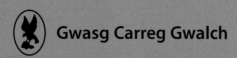

Gwasg Carreg Gwalch

Argraffiad cyntaf: 2007

Rhif Llyfr Safonol Rhyngwladol 10: 1-84527-111-4
Rhif Llyfr Safonol Rhyngwladol 13: 978-1-84527-111-4

Cyhoeddwyd gan Wasg Carreg Gwalch
12 Iard yr Orsaf, Llanrwst, Dyffryn Conwy, LL26 0EH.
Ffôn: 01492 642031
Ffacs: 01492 641502
E-bost: llyfrau@carreg-gwalch.co.uk
Lle ar y we: www.carreg-gwalch.co.uk

**Testun**
Elin Meek

**Golygydd**
Gordon Jones

**Diolchiadau**
Alun Wyn Bevan. Alwyn Bowen. Tom Cheesman. Huw Llywelyn Davies. Ray Gravell. Guto ap Gwent. Alex Lawson. Gareth Lewis. Huw F Lewis. Nigel Owens. Catrin Evans. Elen Evans, Nicky Robinson a Gwydion Griffiths, Gleision Caerdydd. Scarlets Llanelli, Gweilch Tawe Nedd a Dreigiau Gwent. Llanelli Star. Western Mail & Echo. John Hughes, World of Groggs. Darryl Jones. Donald Williams. Dewi Morris Jones. John Jenkins.

**Ffotograffau**
ⓒ Amgueddfa Werin Cymru: clawr blaen gch, 6g, 8t, 29g, 30g.
ⓒ Associated Sports Photography: 8g, 13t, 19b, 22c, 22g, 23c, 42 (Mervyn Davies & Phil Bennett).
ⓒ Myrddin ap Dafydd: 1, 3, 10c, 12gdd, 13g, 30c, 37–38, 40t, 52g, 54 c&g, 55t.
ⓒ Huw Evans Picture Agency: clawr blaen (canol),14gdd,16t, 17, 23g, 26, 29t, 35, 36, 41gdd, 44tch, ech, gch; 45 (Graham Henry); 51t, 54ch, 55g.
ⓒ Colorsport: 9t &gdd, 10t&g, 11g.
ⓒ David Dow, Dragon Tales Rugby: 19c, 20, 21t, 30t, 30c isaf, 34, 44gdd, 46tdd, 48g, 49t, 58t&g, 59.
ⓒ Myrddin ap Dafydd gyda chaniatâd caredig John Hughes' World of Groggs ⓡ: Clawr blaen (Grogg Mervyn Davies) 10c, 12t, 16, 43, 56t, 57, 61–62.
ⓒ Steve Pope, Sportingwales Images: 14ch, 15, 21c, 33, 39, 45 (Gareth Jenkins & Mike Ruddock), 58c.
ⓒ Popperfoto 6t, 11t.
ⓒ Llanelli Star: 31t.
ⓒ BBC: 46 (gyda chaniatâd caredig ystad Carwyn James)
ⓒ Gleision Caerdydd: 42t & gch.
ⓒ Donald Williams: 52t.
ⓒ Western Mail & Echo: 12ch, 14t, 56.
ⓒ Elen Evans: 40g.
ⓒ Alun Wyn Bevan: 45 (Clive Rowlands); 50, 52t.
ⓒ Huw Llewelyn Davies: 51g.
ⓒ Gren: 60 (gyda chaniatâd caredig Darryl Jones).

**Lluniau**
ⓒ Graham Howells: clawr blaen gdd, 4, 5, 7.
ⓒ Charles Britton: 18–25, 27–28, 32.
ⓒ Siôn Morris: 47, 48, 49, 53.

**Dylunio** Tanwen Haf, Cyngor Llyfrau Cymru
**Dylunio ychwanegol** Charles Britton

Mae'r cyhoeddwyr yn cydnabod cefnogaeth ariannol Cyngor Llyfrau Cymru

Argraffwyd yng ngwlad Belg gan Proost

# Cynnwys

# Cyn rygbi – cnapan a bando

Gêm eithaf modern yw rygbi. Dim ond ers ychydig dros 100 mlynedd rydyn ni wedi bod yn ei chwarae yma yng Nghymru. Ond roedd gêmau diddorol yng Nghymru cyn i rygbi ddechrau cael ei chwarae. Fel arfer roedd y gêmau'n cael eu cynnal ar ddiwrnodau gŵyl, er enghraifft Dydd Calan a Gŵyl Mabsant. Rhai o'r gêmau mwyaf poblogaidd oedd cnapan a bando.

Roedd bando'n debyg iawn i hoci heddiw ac yn boblogaidd ym Morgannwg hyd ddiwedd y 19eg ganrif. Roedd dau dîm o chwaraewyr yn defnyddio ffon i daro pêl tua'r gôl. Weithiau roedd cannoedd yn chwarae a phobl yn cael anafiadau cas. Roedd pobl yn arfer chwarae bando ar y traeth mawr sydd y tu ôl i waith dur Port Talbot, er enghraifft.

Efallai mai cnapan yw'r gêm sydd debycaf i rygbi. Cnapan oedd yr enw ar y bêl bren tua maint pêl griced. Roedd hi'n cael ei berwi rai diwrnodau cyn y gêm fel ei bod yn llithrig ac yn anodd ei dal. Dau grŵp o chwaraewyr oedd, dynion o ddau blwyf gwahanol oedden nhw fel arfer. Weithiau, pyrth eglwys y ddau blwyf oedd y ddwy gôl a gallai fod milltiroedd rhwng y ddwy eglwys! Er bod rhai gwŷr bonheddig ar gefn ceffylau, roedd y rhan fwyaf o'r chwaraewyr ar droed – cannoedd neu filoedd weithiau. Does dim sôn am y rheolau felly roedd hi'n gêm arw iawn a llawer o chwaraewyr yn cael eu hanafu neu eu lladd hyd yn oed. Byddai'r bêl yn cael ei chicio a'i thaflu ac roedd 'sgrymiau' a 'leiniau' yn digwydd wrth i'r gwahanol dimau geisio cael gafael ar y cnapan. Roedd chwaraewyr mawr cryf tebyg i flaenwyr rygbi yn ymladd am y cnapan, a chwaraewyr cyflym, tebyg i olwyr rygbi heddiw, yn rhedeg â'r bêl.

Mae ardal Sir Benfro yn enwog am gêmau cnapan. Er bod y traddodiad wedi dod i ben ers amser maith, cafodd rhai gêmau eu chwarae rhwng plwyfi Trefdraeth a Nanhyfer rhwng 1985 a 1995. Mae gwesty yn

Nhrefdraeth o'r enw 'Cnapan' i'n hatgoffa am hanes y gêm yn lleol.

Gan fod llawer o yfed a gamblo'n digwydd adeg gemau cnapan a bando, roedd pobl y capeli a'r eglwysi'n gryf yn eu herbyn. Roedden nhw'n credu bod y gemau'n ddylanwad drwg ar y bobl gyffredin. Dechreuon nhw drefnu gweithgareddau eraill yn y capeli a'r eglwysi i ddenu'r bobl o'r gêmau. Felly, yn raddol, daeth y gêmau i ben.

Er enghraifft, roedd gêmau cnapan yn arfer digwydd ar yr hen Galan (Ionawr 12fed) rhwng pyrth eglwysi Llanwenog a Llandysul yng Ngheredigion. Gan fod llawer o bobl yn cael eu lladd neu eu hanafu, penderfynodd Ficer Llandysul y dylai'r gêm ddod i ben yn 1833. Dechreuodd gystadleuaeth arall rhwng y ddau blwyf, cystadleuaeth i brofi eu gwybodaeth am y Beibl. Mae'n dal i ddigwydd bob blwyddyn ar Ionawr 12fed.

## Rygbi'n dechrau cael ei chwarae

Mae'n debyg i rygbi ddechrau yn 1823, yn Ysgol Rugby, Lloegr. Yn ôl y sôn, roedd bachgen o'r enw William Webb Ellis yn chwarae pêl-droed pan anwybyddodd y rheolau, codi'r bêl a dechrau rhedeg gyda hi.

Ceir rhagor o fanylion am William Webb Ellis ar y wefan http://en.wikipedia.org/wiki/William_Webb_Ellis

Yn 1876 yr ymddangosodd y stori hon gyntaf, ar ôl i William Webb Ellis farw. Er bod rhai'n amau ei bod hi'n stori wir, mae Webb Ellis yn dal i gael ei gofio. Cwpan Webb Ellis yw'r enw ar **Gwpan Rygbi'r Byd**, Parc Ellis yw enw'r maes rygbi yn Johannesburg, De Affrica, ac mae plac yn Ysgol Rugby hefyd i gofio amdano.

Nododd rhai o fechgyn Ysgol Rugby reolau'r gêm ym 1845. Dyma'r rheolau cyntaf ar bapur. Roedd pobl eraill yn chwarae mathau eraill o 'football' ond 'Rugby football' a ddaeth yn boblogaidd oherwydd bod rheolau ar gael.

Yn gyflym iawn, lledodd rygbi i lawer o wledydd dros y byd. Rhwng 1870 a 1920 sefydlwyd undebau rygbi yn Lloegr, yr Alban, Iwerddon, Awstralia, De Affrica, Seland Newydd, Rhodesia (Zimbabwe heddiw), yr Ariannin, Fiji a Ffrainc. Mae llawer rhagor o wledydd yn chwarae rygbi erbyn heddiw, er enghraifft Canada, Namibia, Romania, Awstria a Sbaen.

# Hanes rygbi yng Nghymru

Tîm buddugol 1905
(Chwiliwch am y chwaraewr sy'n gwisgo cap. Gweler tudalen 63.)

Roedd rhywbeth tebyg i rygbi'n cael ei chwarae yng Nghymru erbyn yr 1850au, yng ngholegau Llanbed a Llanymddyfri. Erbyn diwedd yr 1870au roedd timau mewn sawl tref yn ne Cymru: Castell-nedd (y cyntaf i gael ei ffurfio, yn 1871), Llanelli, Abertawe, Casnewydd a Chaerdydd. Dynion dosbarth canol a sefydlodd y timau hyn ar ôl bod yn chwarae rygbi yn y colegau. Ond, cyn hir, daeth y gêm yn boblogaidd gyda'r dosbarth gweithiol.

Roedd y Chwyldro Diwydiannol yn cael effaith fawr ar Gymru ar y pryd. Roedd llawer o bobl wedi symud i gymoedd de Cymru ac roedden nhw'n chwilio am weithgareddau corfforol yn eu horiau hamdden. Yn y cyfnod hwn hefyd, dechreuodd gweithwyr gael prynhawn dydd Sadwrn yn rhydd, yn ogystal â dydd Sul. Felly, dechreuodd llawer o bentrefi a threfi sefydlu tîm rygbi. Roedd rygbi'n gêm oedd yn cynnig safle addas i bob math o chwaraewyr – doedd dim gwahaniaeth a oeddech chi'n dal neu'n fyr, yn gryf neu'n denau. Felly roedd hi'n gêm bentref ardderchog ac yn dod â'r gymuned i gyd at ei gilydd – roedd pawb yn adnabod rhywun oedd yn chwarae i'r tîm. Roedd pobl yn teimlo'n angerddol am y gêm, a'r gystadleuaeth rhwng timau pentrefi lleol yn chwyrn. Roedd rheilffordd newydd hefyd i gludo'r cefnogwyr o fan i fan.

Er bod rheolau gan y gêm newydd, roedd ymladd yn dal i ddigwydd ymysg y chwaraewyr a'r cefnogwyr. Roedd bragwyr cwrw'n noddi'r clybiau, y timau'n newid cyn gêm ac ymolchi ar ôl gêm yn y dafarn leol a chefnogwyr yn yfed cwrw yn ystod gêmau hefyd. Yn 1897, cafodd Parc yr Arfau yng Nghaerdydd ei gau am bump wythnos oherwydd bod y cefnogwyr wedi ymosod ar y dyfarnwr. Ar droad yr ugeinfed ganrif, roedd tua 20,000 yn gwylio gêmau prif glybiau rygbi Cymru, llawer mwy na'r gêmau pêl-droed ar y pryd.

## Enwau timau cynnar

Rhai o dimau rygbi cynnar Cymru oedd 'Troedyrhiw Searchlights' a'r 'Dowlais Harlequins'. Enwau brawychus dau dîm o Gaerfyrddin oedd 'Diamond Skull Crackers' a'r 'Shin Slashers'.

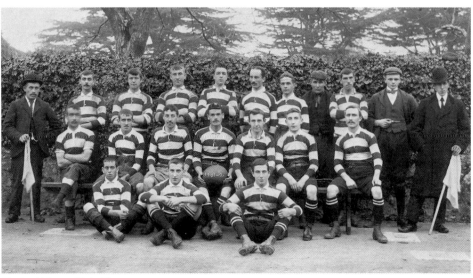

Tîm Rygbi Pentref Sain Ffagan, 1901-02

## 'Gêm y diafol'

I bobl y capeli, 'gêm y diafol' oedd rygbi. Yn wir, bu capelwyr yng Nghwm Tawe yn llifio pyst rygbi i lawr yn niwedd yr 1800au. Adeg y diwygiad crefyddol yn 1904-05, cafodd nifer o chwaraewyr rygbi dröedigaeth (dod i gredu yn Nuw ac Iesu Grist) a llosgi eu crysau rygbi. Meddai Jenkin Thomas o Fynyddcynffig, 'Roeddwn i'n arfer chwarae fel cefnwr dros y diafol, ond rwy nawr yn y rheng flaen dros Dduw.'

Sefydlwyd **Undeb Rygbi Cymru** yn 1881 er mwyn chwarae gêm yn erbyn Lloegr. Enillodd Lloegr yn hawdd iawn a gwrthod chwarae yn erbyn Cymru'r flwyddyn ganlynol. Ond datblygodd rygbi Cymru'n gyflym ac enillodd Cymru'r **Goron Driphlyg** am y tro cyntaf ym 1893 (drwy guro Lloegr, yr Alban ac Iwerddon). Gan fod chwaraewyr Lloegr a'r Alban yn fwy ac yn gryfach, roedd rhaid i chwaraewyr rygbi Cymru fod yn wahanol. Roedd rhaid meithrin sgiliau- meddwl yn chwim a rhedeg yn dwyllodrus o gyflym. Llwyddodd y dacteg hon ac enillodd tîm rygbi Cymru y Goron Driphlyg chwe gwaith rhwng 1900 a 1911 a cholli 5 yn unig o 43 gêm. Hefyd, llwyddon nhw i guro Seland Newydd o 3–0 yn 1905, yr unig dîm o Brydain i wneud hynny yn ystod taith 32 gêm y

Crysau Duon. Roedd 47,000 yn gwylio'r gêm galed a chyflym honno. Dyma pryd y daeth Cymru'n enwog am chwarae rygbi. Dyma **Oes Aur** gyntaf rygbi Cymru.

## Siop Willie Llewellyn

Roedd Willie Llewellyn yn un o arwyr tîm Cymru ym 1905. Roedd yn fferyllydd a siop ganddo yn Nhonypandy. Yn 1910, adeg streic gan lowyr de Cymru, bu terfysg yn Nhonypandy. Llifodd miloedd o streicwyr i'r dref a malu ffenestri siopau a dwyn nwyddau. Ond gwrthododd y terfysgwyr â gwneud difrod i un siop – siop Willie Llewellyn!

Ar ôl saib yn y chwarae rhwng 1914 a 1918 oherwydd y Rhyfel Byd Cyntaf, chafodd tîm rygbi Cymru ddim llawer o lwyddiant. Yn y 1920au roedd diwydiant yng Nghymru'n mynd drwy gyfnod gwael hefyd (y dirwasgiad) a miloedd yn colli eu swyddi. Gadawodd miloedd o bobl Gymru i chwilio am waith mewn gwledydd eraill.

Glowyr neu weithwyr dur oedd y rhan fwyaf o chwaraewyr tîm rygbi Cymru. Yn y cyfnod yma, roedd un o bob tri dyn yn gweithio dan ddaear yng nghymoedd de Cymru. Roedden nhw'n gyfarwydd â gwaith trwm ac yn ddigon caled i chwarae gêm gorfforol fel rygbi. Bydden nhw'n gweithio fel pawb arall drwy'r wythnos cyn mynd i chwarae rygbi ar brynhawn Sadwrn. Roedd chwarae ar faes agored yn chwa o awyr iach ar ôl gweithio mewn amgylchiadau digon afiach o dan ddaear neu yng ngwres y ffwrnais.

Doedd y chwaraewyr ddim yn cael eu talu wrth chwarae **rygbi'r undeb**. Ond roedd **rygbi'r cynghrair** wedi datblygu yng ngogledd Lloegr, a'r chwaraewyr yn ennill arian am chwarae. Byddai 'sgowtiaid' o ogledd Lloegr yn dod i dde Cymru i chwilio am chwaraewyr newydd ac yn cynnig arian da. Yn ystod y dirwasgiad,

*Tîm Rygbi Tongwynlais, 1922-23*

collodd Cymru nifer o chwaraewyr rhyngwladol talentog i rygbi'r cynghrair. Doedd dim dewis gan lawer ohonyn nhw oherwydd eu bod wedi colli eu gwaith. Ond fydden nhw byth yn cael chwarae rygbi'r undeb eto gan fod pobl rygbi'r undeb yn casáu rygbi'r cynghrair.

Cafodd tîm rygbi Cymru gyfnod da rhwng 1950 a 1953, gan ennill dwy Gamp Lawn a churo'r Crysau Duon yn 1953. Erbyn y 1960au, roedd llai o lowyr a gweithwyr dur yn chwarae i Gymru oherwydd bod llawer o byllau glo a gweithfeydd dur wedi cau. Roedd nifer o athrawon yn y tîm yn y cyfnod hwn.

### Cap cyntaf cofiadwy

Yn 1967, cafodd Keith Jarrett gêm gyntaf gofiadwy dros ben i Gymru yn erbyn Lloegr ar Barc yr Arfau, Caerdydd, pan oedd yn ddim ond 18 blwydd 11 mis oed. Sgoriodd 19 pwynt i gyd yn y fuddugoliaeth o 34–21! Roedd ei gicio'n wych – 5 trosiad a 2 gic gosb – a llwyddodd i sgorio cais drwy redeg yn ddwfn o'i hanner ei hunan ar hyd yr ystlys. "He can't miss, this laddie," meddai Bill McLaren, y sylwebydd o'r Alban, ar y teledu. Ar y pryd, roedd rhaid i'r chwaraewyr wneud eu ffordd eu hunain adref. Felly, ar ôl y gêm, aeth Keith Jarrett i ddal bws yn ôl i Gasnewydd.

Ond roedd cefnogwyr Cymru eisiau iddo ymuno â nhw i ddathlu'r fuddugoliaeth. Erbyn iddo gyrraedd yr orsaf fysiau, roedd y bws olaf wedi hen fynd. Ond mynnodd rheolwr yr orsaf fysiau fod un o'i yrwyr yn mynd ag ef adref mewn 'double decker' ar ei ben ei hun – er mwyn iddo gael digon o lonydd!

*Keith Jarrett*

# Oes Aur y 1970au

Daeth oes aur arall i rygbi Cymru yn y 1970au. I'r rhai oedd yn gwylio rygbi yn y 1970au, does dim tîm tebyg wedi bod erioed! Er eu bod nhw weithiau'n dechrau gêmau'n wael, roedd y tîm yn gallu codi gêr, yn enwedig yn chwarter ola'r gêm, a sgorio ceisiau cofiadwy.

Dyma rai o gampau tîm Cymru rhwng 1969 a 1979:

- ennill naw o ddeg gêm yn erbyn Lloegr
- curo Awstralia dair gwaith
- ennill y Gamp Lawn dair gwaith
- ennill chwe Choron Driphlyg (gan gynnwys pedair yn olynol: 1976, 1977, 1978 a 1979)
- ennill y Bencampwriaeth naw gwaith.

Pam buon nhw mor llwyddiannus? Roedd sgwad Cymru'n hyfforddi gyda'i gilydd, rhywbeth newydd iawn ar y pryd. Hefyd, o dymor 1971-72, roedd cais yn werth 4 pwynt yn lle 3 phwynt (newidiodd hyn i 5 pwynt yn nhymor 1992-93). Roedd hyn yn ffafrio tîm Cymru oedd yn hoffi trafod y bêl. Sgoriodd Cymru 105 cais rhwng 1969 a 1979, 67 ohonyn nhw ym Mharc yr Arfau.

*JPR Williams*

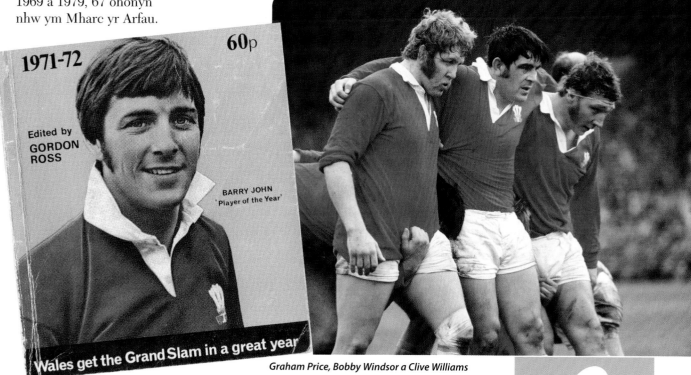

1971-72
60p

Edited by
GORDON
ROSS

BARRY JOHN
'Player of the Year'

Wales get the Grand Slam in a great year

*Graham Price, Bobby Windsor a Clive Williams*

9

Roedd nifer o chwaraewyr o safon byd yn y tîm yn chwarae'n gyson gyda'i gilydd dros y cyfnod hwn. Roedden nhw'n chwaraewyr greddfol oedd yn gallu darllen y gêm yn dda. Felly roedden nhw'n gallu addasu ac ymateb i'r hyn oedd yn digwydd ar y cae mewn chwinciad.

Mae'n werth gwylio fideo neu DVD i weld doniau tîm Oes Aur y 70au. Rhai o olwyr enwocaf y cyfnod oedd Gareth Edwards, Barry John, Phil Bennett, JJ Williams, Ray Gravell, JPR Williams a Gerald Davies. Sgoriodd Gareth Edwards, Gerald Davies a JJ Williams gyfanswm o 49 cais. Rhai o'r blaenwyr enwocaf oedd Delme Thomas, Mervyn Davies, Derek Quinnell, Barry Llewelyn a rheng flaen Pontypool: Charlie Faulkner, Graham Price a Bobby Windsor. Bu llawer o chwaraewyr tîm Cymru yn y cyfnod hwn yn chwarae i'r Llewod gan mai nhw oedd y gorau ym Mhrydain.

*Gareth Edwards*

*Groggs tîm y 1970au*

*Barry John a thîm Oes Aur y 1970au ym Mharc yr Arfau, Caerdydd*

# Gareth Edwards

Mae pobl ym mhob rhan o'r byd rygbi'n gwybod am Gareth Edwards. Mae'n cael ei ystyried yn un o'r chwaraewyr rygbi gorau erioed. Cafodd ei eni yn 1947 a'i fagu yng Ngwauncaegurwen, ger Pontardawe. Roedd ei dad, Glan Edwards, yn löwr. Pan oedd yn blentyn, roedd Gareth yn hoffi pob math o chwaraeon. Byddai'n chwarae llawer ar 'gae Archie', cae ffermwr lleol o'r enw Archie gyda'i ffrindiau'n cynnwys Huw Llywelyn Davies, y sylwebydd rygbi.

Yn Ysgol Uwchradd Pontardawe, roedd Bill Samuels yr athro ymarfer corff yn ddylanwad mawr. Bu'n annog ac yn hyfforddi Gareth Edwards i chwarae pêl-droed a rygbi i safon uchel. Cafodd Gareth ysgoloriaeth chwaraeon i ysgol fonedd Millfield a oedd yn arbenigo ar chwaraeon.

Yn 1967, enillodd Gareth Edwards ei gap cyntaf i Gymru fel mewnwr (rhif 9) pan oedd yn 19 oed. Roedd y gêm gyntaf honno ym Mharis, ac mae'n cofio bwyta stêc a sglodion cyn y gêm a chael cadw'r bêl i gofio am ei gap cyntaf. Y tymor canlynol, fe oedd capten Cymru – y capten ieuengaf erioed (20 mlwydd oed). Aeth ymlaen

*Cais olaf Gareth Edwards i Gymru*

i ennill 53 cap a sgorio 20 cais i Gymru yn ystod Oes Aur y 1970au. Bu'n chwarae gyda'r maswyr Barry John a Phil Bennett dros Gymru. Hefyd, bu'n llwyddiannus iawn ar deithiau'r Llewod i Hemisffer y De. Roedd yn aelod o daith lwyddiannus 1971 pan enillodd y Llewod gyfres yn erbyn Crysau Duon Seland Newydd am y tro cyntaf ac yn Ne Affrica yn 1974 pan enillodd y Llewod bob gêm.

Beth oedd yn gwneud Gareth Edwards yn chwaraewr mor arbennig? Roedd yn gryf a chwim ac yn gallu gwneud rhediadau twyllodrus i guro amddiffynwyr. Roedd yn deall y gêm yn berffaith ac yn feistr ar y gic bwt neu'r gic i'r ystlys. Hefyd, datblygodd y bàs fodern – pàs 'torpido' sy'n troelli yn yr awyr. Yn ogystal, roedd yn chwaraewr hyderus iawn, yn benderfynol o ennill pob gêm a sgorio ceisiau o bob rhan o'r cae.

Ymddeolodd Gareth Edwards o chwarae rygbi yn 1978 ond mae'n dal i gyfrannu i S4C adeg gêmau rhyngwladol. Mae cerflun ohono yng nghanolfan siopa Dewi Sant, Caerdydd.

**Mae gwybodaeth am Gareth Edwards ar:**

www.100welshheroes.com/cy/biography/garethedwards (Cymraeg yn unig)
www.sporting-heroes.net/rugby-heroes (Saesneg)

# Ar ôl y 1970au

Parhaodd cyfnod llwyddiannus iawn tîm rygbi Cymru tan ddechrau'r 1980au. Ond dechreuodd timau rhyngwladol eraill chwarae'n dda hefyd. Bu Cymru bron â cholli i Japan yn 1983. Ond daeth Cymru'n drydydd yng nghystadleuaeth gyntaf Cwpan y Byd yn 1987 gan guro Awstralia.

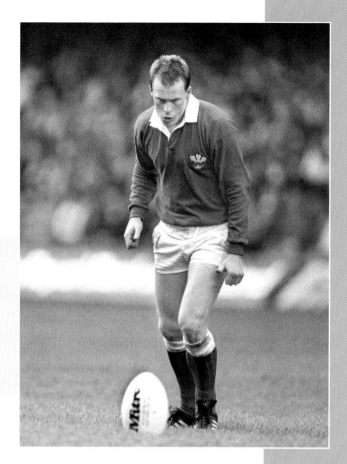

## Cic anferthol!

Ym mis Chwefror 1986, yn y gêm rhwng Cymru a'r Alban, ciciodd Paul Thorburn y gôl gosb hiraf erioed ym Mharc yr Arfau – 70 llath ac 8 modfedd, sef tua 64 metr, ymhellach o dipyn na'r llinell hanner!

Yn ystod y 1990au, gadawodd llawer o chwaraewyr rhyngwladol i chwarae rygbi'r cynghrair yng ngogledd Lloegr. Roedd hi'n gyfnod anodd i rygbi Cymru. Cymru gafodd y **Llwy Bren** yn 1990 a 1991. Collodd Cymru i Orllewin Samoa hyd yn oed ar ddechrau cystadleuaeth Cwpan y Byd 1991. Roedd llawer o bobl eisiau i rygbi'r undeb droi'n gêm broffesiynol a digwyddodd hynny yn 1995. Daeth rhai o chwaraewyr rygbi'r cynghrair yn ôl i chwarae dros Gymru.

Cafodd Cymru gyfnod da cyn Cwpan y Byd 1999 gan ennill 10 gêm o'r bron, ond colli oedd hanes y tîm yn rownd y chwarteri.

*Jonathan Davies a chwaraeodd rygbi'r undeb a rygbi'r cynghrair ar y lefel uchaf*

## Gêm drychinebus

Ym mis Ebrill 1998, cafodd Cymru gêm drychinebus o wael yn erbyn Ffrainc. Collodd Cymru 0–51. Dyma'r tro cyntaf i Gymru fethu sgorio mewn 73 gêm yn erbyn Ffrainc. Roedd pob un o reng ôl Cymru o glwb Abertawe – a chafodd pob un garden felen. Ond roedd tîm Ffrainc wrth eu bodd – sgorion nhw saith cais!

Yng Nghwpan y Byd 2003, collodd Cymru i Loegr a Seland Newydd mewn dwy gêm glòs a chyffrous.

# Camp Lawn 2005

Daeth llwyddiant eto i Gymru yn 2005 pan enillodd y tîm y Gamp Lawn am y tro cyntaf er 1978 a'r Goron Driphlyg am y tro cyntaf er 1988. Roedd Mike Ruddock, yr hyfforddwr, yn awyddus i chwaraewyr Cymru chwarae gêm agored a dangos eu doniau.

Roedd y gêm gyntaf gartref yn erbyn Lloegr. Sgoriodd Shane Williams gais i Gymru, taclodd Gavin Henson yn gadarn yn erbyn Matthew Tait, ond roedd Cymru'n dal ar ei hôl hi o 8–9 ac ychydig o funudau ar ôl. Cafodd Cymru gic gosb – a chamodd Gavin Henson ymlaen i'w chymryd. Roedd hi'n gic hir o 44 metr ac yn agos i'r ystlys dde, ond roedd Henson yn hyderus a hedfanodd y bêl rhwng y pyst. Meddai wedyn: "Ro'n i'n gwybod y gallwn i ei chicio hi, dw i wedi bod yn eu cicio nhw drwy'r wythnos." Enillodd Cymru 11–9 a phawb wrth eu bodd.

*Gareth Thomas a'i dîm yn gorfoleddu*

*Stephen Jones yn cicio*

Teithiodd Cymru i'r Eidal am yr ail gêm. Roedd Cymru wedi colli yn erbyn yr Eidal am y tro cyntaf yn 2003, felly roedd pawb braidd yn nerfus. Ond doedd dim angen poeni. Sgoriodd Cymru chwe chais disglair ac ennill yn weddol rwydd o 38 i 8.

Roedd y drydedd gêm yn Stade de France yn erbyn Ffrainc yn agos iawn, a Ffrainc ar y blaen o 15–3 yn yr hanner cyntaf. Ond ciciodd Stephen Jones gic gosb lwyddiannus i Gymru a 15–6 oedd y sgôr ar yr hanner. Yn yr ail hanner, sgoriodd Martyn Williams ddau gais cofiadwy, ond cafodd Ffrainc gic adlam lwyddiannus i ddod â'r sgôr yn gyfartal ar 18–18. Ciciodd Stephen Jones gic gosb (18–21) a chic adlam allweddol (18–24). Roedd angen trosgais ar Ffrainc i ennill, ac er i Gymru orfod amddiffyn yn ddwys ar ddiwedd y gêm, llwyddon nhw i ddal eu gafael ar y fantais ac ennill y gêm!

*Tom Shanklin a Shane Williams*

*Gavin Henson yn bylchu yn erbyn Lloegr*

15

*Martyn Williams*

*Groggs tîm Camp Lawn 2005.*

**Chwiliwch am hanes tîm 2005 yn Gymraeg ar y wefan:**

http://www.bbc.co.uk/cymru/chwaraeon/archif/rygbi/rhyng/
ac yn Saesneg ar y gwefannau hyn:
http://news.bbc.co.uk/sport1/hi/rugby_union/international/
http://www.telegraph.co.uk/sport/

Teithiodd tua 40,000 o Gymru i'r bedwaredd gêm yn erbyn yr Alban yn Murrayfield. Roedd yr Alban newydd golli tair gêm ac roedd hyder Cymru'n uchel. Aeth Cymru ati'n syth i sgorio ceisiau, ac o fewn ychydig funudau roedden nhw 19 pwynt ar y blaen! Daeth cais ar ôl cais – 6 i gyd! Ar un adeg 3–43 oedd y sgôr cyn i'r Alban sgorio tri chais yn yr ail hanner a dod â'r sgôr yn fwy parchus (22–43). Mae rhai'n credu mai'r hanner cyntaf oedd y 40 munud mwyaf cyflawn o rygbi agored mae tîm Cymru wedi'i chwarae erioed.

Dim ond chwe diwrnod o orffwys oedd gan dîm Cymru cyn y bumed gêm – a'r un olaf – yn erbyn Iwerddon yn Stadiwm y Mileniwm. Roedd y ddau dîm yn ymgiprys am y Goron Driphlyg. Gan fod Iwerddon wedi colli yn erbyn Ffrainc, dim ond Cymru oedd â gobaith o ennill y Gamp Lawn. Roedd hi'n gêm glòs yn yr hanner cyntaf, aeth Iwerddon ar y blaen yn gynnar gyda chic gosb, ond tarodd Cymru'n ôl gyda chic adlam gan Gavin Henson. Daeth cais i Gethin Jenkins (rhif 1) ar ôl iddo daro cic O'Gara i lawr, cicio'r bêl a rhedeg am y llinell gais. Cafwyd ciciau cosb wedyn i'r ddau dîm, a Gavin Henson yn llwyddo o 52 metr. Ar yr hanner, roedd hi'n 16–6 i Gymru. Yn yr ail hanner, daeth rhagor o giciau cosb i Gymru. Roedd cais gwych Kevin Morgan ar ôl bylchiad Tom Shanklin yn bwysig wrth godi'r sgôr i 29–6. Er i Iwerddon daro'n ôl gyda dau gais, llwyddodd Stephen Jones gyda chic gosb, felly 32–20 oedd y sgôr terfynol. Dros y pum gêm roedd Stephen Jones ei hun wedi sgorio 57 pwynt a Chymru wedi ennill y Gamp Lawn am y tro cyntaf ers 27 mlynedd!

# Rygbi Cymru ar ôl 2005

Ers hynny, mae tîm Cymru wedi cael canlyniadau cymysglyd gyda llawer o chwaraewyr allweddol yn cael anafiadau. Bu rhai gêmau agos yn erbyn timau Hemisffer y De yng nghyfresi'r hydref, ond nifer o gêmau siomedig, fel honno yn erbyn yr Alban ym mis Chwefror 2007 pan gollodd Cymru 21–9 yn Murrayfield. Ond mae'r hyfforddwr presennol, Gareth Jenkins, yn hyderus y daw pethau i drefn erbyn Cwpan y Byd 2007.

Mae lluniau o gêmau Cymru dros y blynyddoedd diwethaf i'w gweld ar: http://www.welshrugbypics.co.uk a'r newyddion diweddaraf am dîm rygbi Cymru ar www.wru.co.uk

## 10 ffaith sydyn am hanes rygbi Cymru

1. Bu 126 glöwr yn chwarae i Gymru rhwng 1883 (Arthur Jones) a 2000 (Garin Jenkins).
2. Collodd Cymru o 13 cais, 7 trosiad ac un gôl adlam i ddim yn erbyn Lloegr yn y gêm gyntaf yn 1881.
3. Y sgôr gorau i Gymru hyd yma yw Japan 0, Cymru 98 yn 2004.
4. Y sgôr gwaethaf i Gymru hyd yma yw De Affrica 96, Cymru 13 yn 1998.
5. Mae Cymru wedi ennill 18 Coron Driphlyg, 9 Camp Lawn a'r Bencampwriaeth 23 gwaith – hyd yma!
6. Neil Jenkins sy'n dal y record am sgorio'r nifer mwyaf o bwyntiau dros Gymru – 1,049 pwynt a'r nifer mwyaf o bwyntiau mewn un gêm – 30 yn erbyn yr Eidal yn 1999.
7. Dwayne Peel yw'r chwaraewr ieuengaf i ennill 50 cap dros Gymru – roedd yn 25 oed pan wnaeth hyn ym mis Chwefror 2007.
8. Mae Gareth Thomas wedi ennill mwy o gapiau dros Gymru na neb – 94 i gyd (Mehefin 2007).
9. Phil Bennett oedd y cyntaf i ddod ar y maes fel eilydd dros Gymru.
10. Michael Owen yw'r 1,000fed chwaraewr i chwarae dros Gymru.

*Neil Jenkins*

*Gareth Thomas*

**Rhifau hanfodol:**

- **2** dîm o **15** chwaraewr yn ceisio sgorio ceisiau a chicio goliau.
- Gêm **80** munud o hyd: **2** hanner o **40** munud.
- Egwyl o **10** munud rhwng y ddau hanner.
- **5** pwynt am gais, **2** bwynt am drosi cais a **3** phwynt am gic gosb neu gic adlam.
- **1** funud sydd gan giciwr i gicio cic gosb neu i drosi cais.
- **1** dyfarnwr a **2** lumanwr sy'n gyfrifol am reoli'r gêm. Weithiau bydd **4**ydd dyfarnwr – dyfarnwr fideo.
- Gall hyd at **7** eilydd fod ar y fainc, hyd at **2** eilydd rheng flaen a hyd at **5** eilydd arall.
- Mae rygbi **7** bob ochr yn boblogaidd hefyd, gyda chystadlaethau rhyngwladol yn Dubai a Hong Kong bob blwyddyn.

**Y Tîm** Mae gan bob un o'r **15** chwaraewr ym mhob tîm waith penodol i'w wneud. Fel arfer, mae'r tîm yn cael ei rannu'n ddwy garfan:

## Blaenwyr (rhifau 1 i 8)

- Mae'r blaenwyr yn y 'pac' a nhw sy'n ffurfio'r sgrym.
- Y *rheng flaen* yw rhifau 1, 2 a 3.
- Yr *ail reng* yw rhifau 4 a 5.
- Y *rheng ôl* yw rhifau 6, 7 ac 8.
- Yn draddodiadol, roedd y blaenwyr yn gryfach, yn drymach ac yn arafach na'r olwyr.
- Yn y gêm fodern, mae disgwyl i'r blaenwyr fod yn fawr, yn gryf *ac* yn gyflym.

## Olwyr (rhifau 9 i 15)

- Yr *haneri* yw rhifau 9 (mewnwr) a 10 (maswr).
- Y *tri chwarteri* yw rhifau 11, 12, 13 a 14.
- Y *cefnwr* yw rhif 15.
- Rhif 9, y mewnwr, yw'r ddolen gyswllt rhwng y blaenwyr a'r olwyr.
- Yn draddodiadol roedd yr olwyr yn ysgafnach ac yn gynt na'r blaenwyr.
- Erbyn heddiw, mae disgwyl i'r olwyr fod yn gyflym *ac* yn gryf iawn.

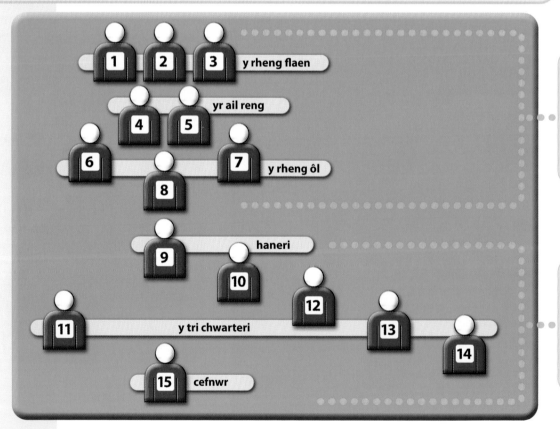

y rheng flaen — 1 2 3
yr ail reng — 4 5
y rheng ôl — 6 7 8
haneri — 9 10
y tri chwarteri — 11 12 13 14
cefnwr — 15

Y BLAENWYR

YR OLWYR

# Gwaith pob aelod o'r tîm

**Mae angen sgiliau ymosod ac amddiffyn ar bob aelod o'r tîm.**
Felly, rhaid:

- Bod yn ffit iawn
- Trafod y bêl yn rhwydd (pasio a chicio)
- Taclo'n gadarn
- Darllen y gêm yn dda

Ond mae gwaith penodol gan bob aelod o'r tîm hefyd.

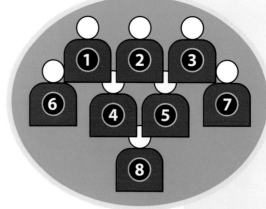

**Y SGRYM**

## 1 Prop pen rhydd
## 3 Prop pen tyn

- Cadw'r sgrym yn sefydlog
- Cymryd y pwysau yn y sgrym gyda gweddill y pac
- Codi blaenwyr eraill yn y lein

> **Gwyliwch am:**
> **Gethin Jenkins** (Y Gleision a Chymru) a **Duncan Jones** (Y Gweilch a Chymru) a'i wallt golau cyrliog.
> Mae **Duncan** ac **Adam Jones** (Y Gweilch a Chymru) yn cael eu hadnabod fel 'Hair Bears'.

> **Holwch am:**
> **Barry Llewelyn** (y 1970au)
> "Roedd e'n flaenwr o flaen ei amser, yn gryf ond hefyd yn gyflym," Alun Wyn Bevan.
> **Graham Price** (1975 hyd at ddechrau'r 1980au) – aelod o 'reng flaen Pontypool' gyda **Bobby Windsor** a **Charlie Faulkner**. Teithiodd unwaith gyda'r Llewod yn ogystal ag ennill dwy Gamp Lawn a chymryd rhan mewn tair Coron Driphlyg gyda Chymru.

Duncan Jones

## 2 Bachwr

- Taflu'r bêl i'r lein – mae hon yn sgìl bwysig iawn
- Bachu'r bêl yn y sgrym a'i chyfeirio'n ôl tua'r rheng ôl.

> **Gwyliwch am:**
> **Mathew Rees** (Scarlets Llanelli a Chymru).

> **Holwch am: Bobby Windsor** (y 1970au)
> Gweithiwr dur. Un o 'reng flaen Pontypool' a ddaeth yn enwog yn y 1970au am chwarae rhydd bywiog a thaflu'r bêl i'r lein yn gywir.
> **Garin Jenkins.** Glöwr a fu'n chwarae'n gyson dros Gymru yn y 1990au.
> **Robin McBryde.** Bachwr o Borthaethwy sydd bellach yn hyfforddi blaenwyr tîm Cymru.

Garin Jenkins

## **4** a **5** Ail reng

- Neidio neu godi blaenwyr eraill wrth iddynt neidio yn y lein i ennill y bêl
- Ychwanegu at y pwysau yn y sgrym
- Sianelu'r bêl yn y sgrym oddi wrth y bachwr at y rheng ôl.

> **Gwyliwch am:**
> **Ian Gough** (Dreigiau Gwent a Chymru) ac **Alun-Wyn Jones** (Y Gweilch a Chymru).

> **Holwch am:**
> **Delme Thomas** (y 1970au), capten Llanelli pan enillon nhw yn erbyn Seland Newydd yn 1972. Neidiwr ardderchog yn y lein. **Robert Norster** (y 1980au), bu'n chwarae dros Gaerdydd a Chymru.

*Alun-Wyn Jones*

## **6** Blaenasgellwr tywyll
## **7** Blaenasgellwr agored

- Gwthio yn y sgrym
- Neidio neu godi blaenwyr eraill wrth iddynt neidio yn y lein i ennill y bêl
- Cael gafael ar y bêl rydd – fel arfer mae rhif 7 yn gynt na rhif 6
- Taclo'n gadarn
- Cario'r bêl.

> **Gwyliwch am:**
> **Martyn Williams** (Gleision Caerdydd a Chymru). Mae ganddo felt brown jiwdo hefyd! **Jonathan Thomas** (Y Gweilch a Chymru). **Alix Popham** (Scarlets Llanelli a Chymru).

> **Holwch am:**
> **John Taylor** (diwedd y 1960au/dechrau y 1970au). Ei lysenw oedd 'Basil Brush' oherwydd ei wallt fel gwrych a'i farf. Bu'n chwarae dros Gymry Llundain, Cymru a'r Llewod. Blaenasgellwr cyflawn, taclwr cadarn, bywiog yn y ryc a'r sgarmes a rhedwr cyflym.

## 8 Wythwr

- Rheoli cefn y sgrym – cael y bêl i'r mewnwr
- Neidio neu godi blaenwyr eraill ar ôl iddynt neidio yn y lein
- Cario'r bêl
- Taclwr mawr.

Ryan Jones

> **Gwyliwch am: Ryan Jones** (Y Gweilch a Chymru).
> **Holwch am:**
> **Mervyn Davies** (diwedd y 1960au tan ganol y 1970au)
> Un o'r wythwyr gorau a gynhyrchodd Cymru erioed.
> Capten Cymru a'r Llewod. "Roedd breichiau **Mervyn Davies** fel octopws. Ro'ch chi'n meddwl eich bod chi wedi mynd heibio iddo fe, ond roedd e'n eich dala chi wedyn." (Ray Gravell)

Dwayne Peel

## 9 Mewnwr

- Rhoi'r bêl yn y sgrym
- Codi'r bêl o fôn y sgrym
- Rhoi gwasanaeth cyflym i'r olwyr
- Cicio'n dda – e.e. ar hyd yr ystlys, i'r gornel, neu gic uchel i'r gwagle / 'bocs' i'r asgellwr ei dilyn
- Sicrhau bod chwarae'n parhau ar ôl sgarmes neu ryc.

> **Gwyliwch am:**
> **Dwayne Peel** (Scarlets Llanelli a Chymru). Dechreuodd chwarae rygbi i glwb o dan 8 oed y Tymbl.
> **Michael Phillips** (Y Gweilch a Chymru).

> **Holwch am:**
> **Gareth Edwards** – Mae Gareth Edwards yn cael ei ystyried yn un o'r chwaraewyr rygbi gorau erioed.

Trowch at yr eitem amdano ar dudalennau 11 a 12.

## ⑩ Maswr

- Safle allweddol i reoli'r gêm
- Cicio – fel arfer, mae'r maswr yn gallu cicio tua'r pyst
- Gwneud y dewis cywir wrth ymosod a rhoi'r bêl yn y bylchau yn yr amddiffyn i chwaraewyr eraill gael symud ymlaen.

> **Gwyliwch am:**
  **Stephen Jones** (Scarlets Llanelli a Chymru),
  capten Cymru, ciciwr sicr sy'n gallu rheoli'r gêm.
> **James Hook,** seren newydd Cymru a'r Gweilch.

> **Holwch am:**
**Barry John** a **Phil Bennett** (y 1970au)
"Roedd Phil Bennett yn gallu creu lle, ac roedd Barry John yn gallu creu amser." (Ray Gravell)
Galwyd Barry John yn 'Frenin y Llewod' ar ôl y daith lwyddiannus yn 1971.
**Jonathan Davies** (y 1980au). Bu'n chwaraewr llwyddiannus i rygbi'r undeb a rygbi'r cynghrair ar y lefel uchaf. Mae'n sylwebu ar y teledu erbyn hyn.
**Neil Jenkins** (y 1980au). Ciciwr llwyddiannus dros ben. Enillodd 87 cap a sgorio 1,049 pwynt – record i Gymru. Un o hyfforddwyr Cymru erbyn hyn.

*Barry John*

## ⑪ a ⑭ Asgellwyr

**Asgellwyr chwith (11) a de (14)**

- 'Milgwn' y tîm, y rhedwyr cyflymaf
- Hedfan gyda'r bêl am y tir agored / y gornel a sgorio ceisiau
- Cario'r bêl dros y llinell fantais
- Wrth amddiffyn, gorfodi chwaraewyr y tîm arall i fynd dros yr ystlys.

> **Gwyliwch am:**
  **Shane Williams** (Y Gweilch a Chymru).
  "Arian byw o chwaraewr." (Ray Gravell)
> **Holwch am:**
  **Gerald Davies** (y 1960au a'r 1970au)
  Un o'r asgellwyr ymosodol gorau a welwyd erioed. Sgoriodd 20 cais a chwarae 46 gwaith dros Gymru.
  **JJ Williams** (y 1970au) Bu'n gwibio dros Gymru felly roedd yn un o asgellwyr cyflymaf ei gyfnod. Bu'n chwarae dros Ben-y-bont, Llanelli, Cymru a'r Llewod.
  **Ieuan Evans** (y 1990au) Sgoriodd 33 cais dros Gymru a bu'n gapten 28 gwaith.

*Shane Williams*

## 12 a 13 Canolwyr

- Creu lle a chario'r bêl dros y llinell fantais wrth ymosod
- Dosbarthu'r bêl i'r chwaraewyr sydd y tu allan iddyn nhw
- Gwneud yn siŵr nad oes bylchau yn yr amddiffyn i'r gwrthwynebwyr ymosod drwyddyn nhw.

> **Gwyliwch am:**
   **Tom Shanklin** (Gleision Caerdydd a Chymru).
   **Gavin Henson** (Y Gweilch a Chymru).

> **Holwch am:**
   **Bleddyn Williams** (y 1940/1950au) 'Tywysog y Canolwyr'.
   **Ray Gravell** (y 1970au) Canolwr pwerus; byddai angen sawl dyn i'w daclo. Chwaraeodd â'i holl enaid dros Lanelli, Cymru a'r Llewod.
   **Scott Gibbs** (y 1990au). Taclwr ffyrnig a rhedwr nerthol. Sgoriodd gais cofiadwy dros Gymru i'r tîm drechu Lloegr o un pwynt yn 1999.

*Tom Shanklin*

## 15 Cefnwr

- Llinell olaf yr amddiffyn
- Gwneud yn siŵr fod y bêl yn mynd yn ôl i'r blaenwyr – drwy gicio fel arfer
- Darllen y gêm a gosod eu hunain yn y man cywir ar y cae
- Ymuno â'r ymosod i greu lle a rhoi cyfeiriad gwahanol iddo
- Maswr ychwanegol weithiau.

> **Gwyliwch am:**
   **Kevin Morgan** (Dreigiau Gwent a Chymru).

> **Holwch am:**
   **JPR Williams** (y 1970au). Cefnwr nerthol a di-ofn. Byddai'n troi'r amddiffyn yn ymosod ac roedd yn giciwr medrus. Roedd hefyd yn chwaraewr tennis dawnus. Ar ôl ymddeol o rygbi rhyngwladol, daliodd ati i chwarae gydol y 1980au a'r 1990au.

*Gallwch chwilio i ddod o hyd i wybodaeth am lawer iawn o chwaraewyr rygbi Cymru ar wefan wikipedia:*
*en.wikipedia.org*

*Kevin Morgan*

23

Hanfodion a rheolau gêm rygbi i chwaraewyr dros 19 sy'n cael eu disgrifio yma. Mae rhai rheolau'n wahanol i chwaraewyr iau.

## Sgarmes

Mae rhaid cael o leiaf dri chwaraewr i ffurfio sgarmes. Rhaid i'r chwaraewyr aros ar eu traed a chau am y chwaraewr sy'n *cario'r bêl*.

Mae'r sgarmes yn dod i ben os yw'r bêl yn cwympo i'r llawr, neu os yw'r bêl neu'r chwaraewr sy'n ei chario'n dod o'r sgarmes. Wedyn bydd sgrym yn digwydd.

## Sgrym

Mae angen sgrym i ailddechrau'r chwarae. Wyth blaenwr y ddau dîm yn unig sy'n cael bod yn y sgrym. Ar ôl i'r blaenwyr ffurfio'r sgrym, mae'r mewnwr yn rhoi'r bêl i mewn rhwng y ddau dîm. Bydd y ddwy set o flaenwyr yn gwthio yn erbyn ei gilydd a'r bachwr yn cyfeirio'r bêl yn ôl â'i sawdl. Rhaid i'r mewnwr symud o gwmpas y sgrym i godi'r bêl o'r sgrym a'i phasio neu ei chicio.

Gall blaenwyr un tîm fod yn drymach na'u gwrthwynebwyr, ond nid yw hynny'n golygu y byddan nhw'n well wrth sgrymio. Bydd blaenwyr yn defnyddio peiriant sgrymio i hyfforddi sut i sgrymio.

Mae chwaraewyr yn gallu cael anafiadau difrifol i'w gyddfau os yw sgrymiau'n cael eu dymchwel yn fwriadol. Felly mae'r dyfarnwr yn cosbi hyn yn llym.

## Ryc

Gall dau chwaraewr neu ragor ffurfio ryc. Rhaid iddyn nhw aros ar eu traed a chau am y *bêl sydd ar y llawr* rhyngddyn nhw. Os nad oes modd chwarae'r bêl mewn ryc, bydd sgrym yn digwydd.

## Lein

Mae lein yn digwydd ar ôl i'r bêl fynd dros yr ystlys. Felly diben y lein yw cael y bêl yn ôl i dir y chwarae. Rhaid cael o leiaf ddau chwaraewr o'r ddau dîm mewn lein. Y tîm sy'n taflu'r bêl i mewn sy'n penderfynu sawl chwaraewr fydd yn y lein. Mae'r timau'n ffurfio dwy linell gyfochrog 5 metr o'r ystlys, gyda bwlch o 1 metr rhyngddyn nhw.

Mae'r chwaraewr sy'n taflu'r bêl i mewn (y bachwr fel arfer) yn sefyll yr ochr draw i'r ystlys. Rhaid iddo daflu'r bêl i mewn yn syth heb gamu dros yr ystlys. Rhaid i'r bêl deithio 5 metr o leiaf yn y lein cyn cael ei dal neu gwympo i'r llawr.

## Leiniau diddiwedd!

Roedd y gêm rhwng yr Alban a Chymru yn Murrayfield yn 1963 yn un ddiflas iawn. Enillodd Cymru drwy gael un gic gosb ac un gôl adlam lwyddiannus; 0–6 oedd y sgôr terfynol. Ond bydd pawb yn cofio'r gêm am fod **111 lein** wedi digwydd ynddi! Roedd **Clive Rowlands**, mewnwr a chapten Cymru, yn cicio o hyd!

## Colli oherwydd y lein

Roedd hi'n gêm agos rhwng Cymru a Seland Newydd yng Nghaerdydd yn 1978, a Chymru ar y blaen o 12–10. Tua diwedd y gêm, digwyddodd lein. Wrth i'r bêl gael ei thaflu i mewn, dyma ddau o chwaraewyr Seland Newydd, **Frank Oliver** ac **Andy Haden**, yn twyllo. Neidiodd y ddau o'r lein, er mwyn gwneud i'r dyfarnwr gredu bod y Cymry wedi eu gwthio allan. Chwythodd y dyfarnwr ei chwib, a rhoi cic gosb i Seland Newydd. Llwyddodd **Brian McKechnie** gyda'r gic, a chollodd Cymru 12–13.

## Trafod y bêl

Mae chwaraewyr yn pasio, taro neu fwrw'r bêl i'w gilydd. Rhaid i'r bêl fynd tuag yn ôl wrth gael ei throsglwyddo o'r naill chwaraewr i'r llall drwy'r dwylo.

## Taro'r bêl ymlaen

Bydd chwaraewyr yn 'taro'r bêl ymlaen' drwy golli'r bêl (e.e. mewn tacl) neu fethu dal y bêl. Weithiau bydd y bêl yn bwrw llaw neu fraich ac yn mynd ymlaen. Bydd sgrym yn digwydd os bydd y bêl yn cael ei tharo ymlaen yn ddamweiniol. Ond bydd y dyfarnwr yn rhoi cic gosb i'r gwrthwynebwyr os cafodd y bêl ei tharo ymlaen yn fwriadol.

## Cais

Rhaid croesi llinell gais y tîm arall a thirio'r bêl yn y geisfa i sgorio 5 pwynt. Mae hefyd yn bosibl sgorio wrth dirio'r bêl wrth waelod y pyst neu dirio'r bêl *ar* y llinell gais. Mewn gêmau rhyngwladol a rhai gêmau pwysig rhwng clybiau, bydd dyfarnwr fideo'n rhoi ei farn os bydd y dyfarnwr yn ansicr a yw'r chwaraewr wedi tirio'r bêl yn llwyddiannus.

**Leo Price** o Loegr sgoriodd y cais cyflymaf erioed hyd yma (ar ôl 10 eiliad) yn y gêm rhwng Lloegr a Chymru yn 1923.

**Gareth Thomas** sydd â'r record am sgorio'r nifer mwyaf o geisiau dros Gymru – 35 cais i gyd (Mehefin 2007).

**Mark Taylor** sgoriodd y cais cyntaf erioed yn Stadiwm y Mileniwm ym mis Mehefin 1999 pan enillodd Cymru 29–19 yn erbyn De Affrica am y tro cyntaf erioed. Dim ond lle i 27,000 oedd yn y Stadiwm – doedd hi ddim yn barod, ond roedd digon o sŵn gan gefnogwyr Cymru!

# 11 cais cofiadwy

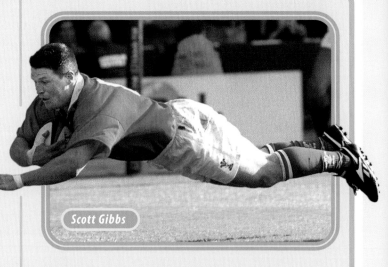

**Scott Gibbs**

**1. Gareth Edwards yn erbyn yr Alban, 1972.**
Rhedodd o bellter gan osgoi amddiffynwyr, rhoi cic bwt, tirio'r bêl a llithro i'r llaid coch a oedd o gwmpas ymyl Parc yr Arfau. Roedd ei wyneb yn llaid i gyd!

**2. Scott Gibbs yn erbyn Lloegr, 1999.**
Enillodd Cymru'r bêl o'r lein, aeth hi o ddwylo Robert Howley ymlaen i Scott Quinnell ac yna i Gibbs. Hyrddiodd Scott Gibbs drwy daclwyr Lloegr a mynd am y llinell gais a helpu Cymru i ennill o drwch blewyn – o 32 i 31.

**3. Kevin Morgan yn erbyn Iwerddon, 2005.**
Torrodd Tom Shanklin drwy'r amddiffyn yng nghanol y cae, pasio'r bêl i Kevin Morgan ac yntau'n croesi i sicrhau bod Cymru'n ennill y Goron Driphlyg a'r Gamp Lawn.

**4. Adrian Hadley yn erbyn Lloegr, 1988.**
Aeth Hadley ar siswrn gyda Mark Ring cyn croesi'r llinell a Chymru'n ennill yn Twickenham, 3–11.

**5. Barry John yn erbyn Lloegr, 1969.**
Barry John yn dangos ei ddawn nodweddiadol o igam-ogamu ar hyd y maes a newid cyflymdra'n wych cyn sgorio.

**6. Ieuan Evans yn erbyn Lloegr, 1993.**
Ciciodd Emyr Lewis y bêl ymlaen. Oedodd Rory Underwood i Loegr wrth nôl y bêl, heb sylweddoli bod Ieuan Evans yn carlamu y tu ôl iddo. Ciciodd Evans y bêl ymlaen, gwibio heibio cefnwr Lloegr, Jonathan Webb, a phlymio ar y bêl am gais cofiadwy. Trosodd Neil Jenkins y cais ac enillodd Cymru 10–9.

**7. Ken Jones yn erbyn Seland Newydd, 1953.**
Ciciodd Clem Thomas y bêl a hobodd yn berffaith i Ken Jones ei dal a gwibio heibio dau o amddiffynwyr Seland Newydd ger y pyst. Cais allweddol yn yr eiliadau olaf, y tro diwethaf i Gymru guro Seland Newydd (13–8).

**8. Scott Quinnell yn erbyn Ffrainc, 1994.**
Enillodd Quinnell y bêl o'r lein a chadw i fynd fel tarw at y llinell gais. Roedd tad Scott, Derek, wedi sgorio cais eithaf tebyg yn erbyn yr Alban yn 1978.

**9. Phil Bennett yn erbyn yr Alban, 1977.**
Dyma olwyr Oes Aur y 70au ar eu gorau, yn igam-ogamu ar hyd y cae'n ddwfn o'u hanner eu hunain. Aeth y bêl o JPR Williams, i Steve Fenwick ac i Gerald Davies a wibiodd yn ei flaen cyn pasio i Phil Bennett. Pasiodd Bennett i David Burcher, a basiodd i'r tu mewn i Fenwick eto. Pasiodd Fenwick y bêl ag un llaw i Bennett, a dyma fe'n ochrgamu heibio'r amddiffyn, gwibio a sgorio o dan y pyst. Dyma gais y tymor pan enillodd Cymru'r Goron Driphlyg am y 14eg tro.

**10. Charlie Faulkner yn erbyn Iwerddon, 1975.**
Wrth i ddiwedd y gêm agosáu, pasiodd Graham Price, aelod arall o reng flaen Pontypool, y bêl i Faulkner a rhedodd yntau am y llinell. Roedd y cais yn un hynod boblogaidd er bod y gêm wedi'i hennill cyn hynny.

**11. Martyn Williams yn erbyn Ffrainc, 2005.**
Daeth cais y capten Martyn Williams mewn cyfnod allweddol o'r gêm pan oedd Ffrainc ar y blaen 15–6. Torrodd Stephen Jones drwy'r amddiffyn a phasio'r bêl i Shane Williams. Pasiodd yntau'n ôl i mewn i Martyn Williams. Gyda throsiad Stephen Jones roedd y sgôr yn 15–13 a'r Cymry yn ôl mewn gêm a enillon nhw yn y diwedd.

# Cicio

Gall chwaraewyr gicio'r bêl yn lle ei phasio neu redeg gyda hi. Wrth ymosod, bydd chwaraewr yn cicio er mwyn i chwaraewyr eraill ei dîm gadw meddiant ar y bêl ar ôl iddi lanio. Wrth amddiffyn, mae chwaraewyr yn cicio'r bêl dros yr ystlys er mwyn ennill tir a chael cyfle i ennill y bêl yn ôl o'r lein. Mae rhai cicwyr yn cicio â blaen y droed, ac eraill ag ochr y droed.

## Cic osod

Wrth wneud cic osod mae'r bêl yn cael ei gosod ar delpyn o ddaear cyn cael ei chicio. Neu bydd yn cael ei gosod ar ddarn o blastig o'r enw 'ti', neu ar bentwr o dywod neu flawd llif. Mae cic osod yn digwydd wrth drosi cais neu pan fydd cic gosb yn digwydd.

## Cic adlam

Wrth wneud cic adlam, mae chwaraewr yn gollwng y bêl i'r llawr ac yn ei chicio i'r awyr wrth iddi adlamu. Mae cic adlam yn dechrau'r gêm neu'n ailddechrau gêm ar ôl i'r tîm arall sgorio. Mae chwaraewr hefyd yn gallu defnyddio cic adlam i gicio'r bêl dros y trawst a rhwng y pyst a sgorio 3 phwynt gwerthfawr yn ystod y chwarae.

Collodd Cymru i Iwerddon yn Lansdowne Road yn 1968, a'r sgôr oedd Iwerddon 9 Cymru 6. Ond gallai fod wedi bod yn waeth i Gymru.
Rhoddodd y dyfarnwr 3 phwynt i Gymru am gôl adlam o droed Gareth Edwards a oedd wedi hedfan o leiaf droedfedd heibio i'r postyn!

## Cic bwt

Mae'r chwaraewr yn gollwng y bêl i'r llawr ac yn ei chicio wrth iddi adlamu. Ond mae'r gic bwt yn hercian neu 'hobo' ar hyd y llawr yn hytrach na chodi i'r awyr fel cic adlam. Pan fydd y gwrthwynebwyr yn agos at y ciciwr, mae'r gic bwt yn ddefnyddiol i gael y bêl rhyngddyn nhw.

## Cic rydd

Mae tîm yn cael cic rydd os yw'r gwrthwynebwyr wedi troseddu neu os yw chwaraewr wedi galw am y **marc**. Dydy hi ddim yn bosibl sgorio o giciau rhydd ond mae hawl cicio'r bêl i unrhyw gyfeiriad. Rhaid i'r tîm arall gilio 10 metr oddi wrth y ciciwr. Cyn gynted ag y mae'r ciciwr yn cicio'r bêl, mae'r gwrthwynebwyr yn gallu rhuthro ymlaen.

## 2 drosiad pwysig

**Cymru yn erbyn yr Alban yn Murrayfield, 1971.**
Roedd Cymru ar ei hôl hi, 18–14 a dim ond ychydig funudau i fynd. Enillodd Cymru'r bêl o'r lein, ac aeth hi ar hyd y llinell at Gerald Davies. Llwyddodd i sgorio cais – 3 phwynt y pryd hwnnw – felly roedd hi nawr yn 18–17. Roedd Gerald wedi methu tirio'r bêl o dan y pyst, felly roedd y trosiad yn un anodd i John Taylor o'r ystlys dde. Roedd Taylor yn giciwr troed chwith ac wrth i bawb ddal ei hanadl, dyma fe'n cicio'r bêl yn berffaith rhwng y pyst a rhoi buddugoliaeth i Gymru, 18–19.

**Cymru yn erbyn Lloegr yn Wembley, 1999** – gêm 'gartref' i Gymru tra oedd Stadiwm y Mileniwm yn cael ei chodi. Roedd Lloegr ar y blaen 25–31 ac wyth munud i fynd pan sgoriodd Scott Gibbs gais gwych. Nawr, 30–31 oedd y sgôr, a'r cyfan yn dibynnu ar drosiad Neil Jenkins. Roedd e eisoes wedi llwyddo gyda 6 chic gosb ac 1 trosiad, ond roedd hon yn gic holl bwysig. Doedd neb yn synnu pan lwyddodd cic Jenkins, a Chymru'n ennill, 31–32. Ar ôl crasfa'r flwyddyn flaenorol (Lloegr 60, Cymru 26), roedd y Cymry wrth eu boddau!

## Cic gosb

Wrth gymryd cic gosb, mae'r ciciwr yn gallu dewis rhwng cic adlam, cic osod neu gic bwt. Hefyd gall tîm ddewis sgrym yn lle cymryd cic gosb. Ar ôl ennill cic gosb, gall ciciwr ddewis sgorio tri phwynt â chic adlam neu gic osod. Dewis arall yw ennill tir drwy ddefnyddio cic adlam neu gic bwt i chwaraewyr eraill gael dilyn y bêl neu bod y bêl yn cael ei chicio i fynd dros yr ystlys.

Rhaid ceisio peidio ag ildio ciciau cosb oherwydd mae gêm yn gallu cael ei hennill neu ei cholli gyda'r pwyntiau o giciau cosb. Os yw'r tîm arall yn ildio ciciau cosb, mae'n bwysig cael ciciwr da yn eich tîm chi.

## Ciciau cosb cofiadwy

Gêm Cymru yn erbyn Ffrainc, Parc yr Arfau, 1972, oedd gêm olaf Barry John, 'Y Brenin'. Penderfynodd roi'r gorau i rygbi, yn 27 oed, ar ôl gyrfa wych. Ciciodd gic gosb anhygoel o hir, 54.8 metr, a chafodd Cymru fuddugoliaeth o 20 pwynt i 6.

Ym 1993, sgoriodd Neil Jenkins 8 gôl gosb ond collodd Cymru 24 i 26 yn erbyn Canada. Un o'r ciciau cosb mwyaf cofiadwy yw cic 44 metr Gavin Henson yn erbyn Lloegr yn 2005. Roedd y sgôr yn 8–9 i Loegr, ond llwyddodd Cymru i gipio'r fuddugoliaeth o 11–9 oherwydd cic Henson ym munudau olaf y gêm. Ar ôl ennill y gêm hon, aeth Cymru ymlaen i gipio'r Gamp Lawn.

## Y CAE

### Hyd a lled

Mae rygbi'n cael ei chwarae ar gae o laswellt (a mwd, weithiau!). Mae'r cae hyd at 100 metr o hyd a 70 metr o led.

## Y pyst

Ar ganol y ddwy linell gais, mae pyst ar ffurf 'H'. Mae'r ddau bost 5.6 metr oddi wrth ei gilydd a rhyngddyn nhw mae trawst 3 metr o'r llawr. Mae'r gic yn llwyddiannus os yw'r bêl yn mynd dros y trawst a rhwng y pyst. Hyd yn oed os yw'r bêl yn uwch na'r pyst eu hunain, mae'r ciciwr yn dal i lwyddo.

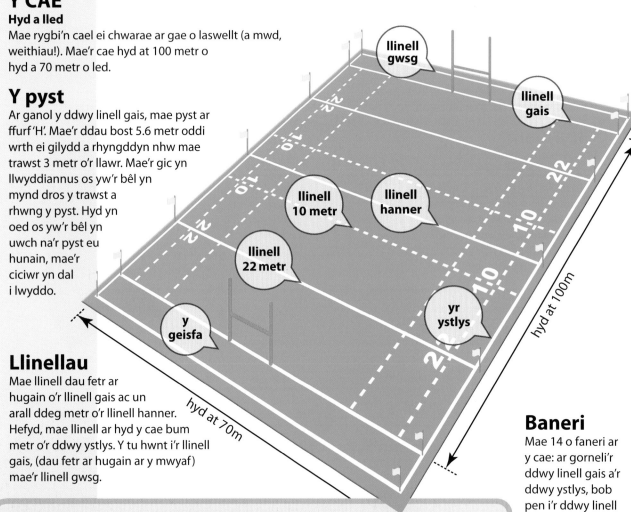

## Llinellau

Mae llinell dau fetr ar hugain o'r llinell gais ac un arall ddeg metr o'r llinell hanner. Hefyd, mae llinell ar hyd y cae bum metr o'r ddwy ystlys. Y tu hwnt i'r llinell gais, (dau fetr ar hugain ar y mwyaf) mae'r llinell gwsg.

## Baneri

Mae 14 o faneri ar y cae: ar gorneli'r ddwy linell gais a'r ddwy ystlys, bob pen i'r ddwy linell 22, bob pen i'r llinell hanner ac ar y pedwar cornel eithaf (llinellau'r geisfa a'r llinellau cwsg).

## Rhai rheolau'n gysylltiedig â'r cae

- Wrth ddechrau gêm ar y llinell hanner, rhaid i'r bêl gyrraedd llinell 10 metr y tîm arall oni bai bod un o'r gwrthwynebwyr yn ei chwarae gyntaf.
- Wrth sgorio cais, rhaid gosod y bêl yn y geisfa (rhwng y llinell gais a'r llinell gwsg).
- Ar ôl cais, neu os yw'r bêl yn mynd i'r geisfa neu dros y llinell gwsg, mae'r gêm yn ailddechrau ar y llinell 22 metr.
- Does dim hawl taflu'r bêl dros yr ystlys yn fwriadol. Mae'r dyfarnwr yn rhoi cic gosb i'r gwrthwynebwyr os yw hyn yn digwydd.
- Mae leiniau'n digwydd o leiaf 5 metr o'r ystlys.
- Os yw chwaraewr yn dal y bêl yn rhan 22 metr ei dîm ef, mae'n gallu 'galw am y marc'. Rhaid galw 'marc' yn syth ar ôl dal y bêl. Rhaid i'r gwrthwynebwyr gilio 10 metr, ac mae'r chwaraewr yn cael cicio'r bêl heb i neb ei herio.

# Cit

## Gwisg – crys, siorts a mwy

Fel arfer mae timau'n gwisgo crysau
llewys hir a choler a siorts o gotwm.
Roedd siorts yn llawer hirach nag
ydyn nhw heddiw yn y dyddiau
cynnar. Mae'r sanau'n cyrraedd y
pengliniau a phen yr hosan yn troi
drosodd.

Mewn gêm, rhaid i'r ddau dîm
wisgo crysau sy'n ddigon gwahanol i
wahaniaethu rhyngddyn nhw. Er
enghraifft, mae tîm Cymru'n gwisgo
crysau llwyd wrth chwarae yn erbyn
timau sydd hefyd yn gwisgo crysau
cochion. Fel arfer, mae rhifau ar gefn
y crysau ac yn aml hefyd mae
cyfenw'r chwaraewr uwchben y rhif.
Mae rhai cwmnïau'n noddi timau
rygbi ac felly bydd eu logos yn
ymddangos ar grysau rygbi'r timau
hynny.

Yn ogystal â'r cit arferol, gall
chwaraewyr wisgo padiau ar eu
hysgwyddau, tarian geg i amddiffyn y
dannedd a darn i gynnal y migwrn.
Gall y blaenwyr wisgo cap sgrymio.
Ond does dim hawl gwisgo unrhyw
beth a allai niweidio chwaraewyr
eraill, er enghraifft modrwyon, sipiau,
byclau neu glipiau.

*Dwayne Peel yn modelu cit Cymru*

*Gwisg Cymru yn 1911*

*Gwisg tîm Caerdydd, 1900*

# Esgidiau Rygbi

Yn y 19eg ganrif, roedd chwaraewyr rygbi'n gwisgo esgidiau lledr trwm gweithwyr cyffredin. Roedd yr esgidiau yn uchel er mwyn amddiffyn y migwrn.

Erbyn heddiw, mae olwyr yn gwisgo esgidiau rygbi isel er mwyn gallu rhedeg yn gyflym, a'r blaenwyr yn gwisgo esgidiau mwy cadarn. Mae'n bwysig fod esgidiau rygbi'n amddiffyn y droed gan fod

chwaraewyr yn aml yn sefyll ar draed ei gilydd.

Fel arfer, bydd chwe styden ar flaen esgid rygbi, a dwy o dan y sawdl. Rhaid i stydiau fod yn sownd yn yr esgid ac yn fyrrach na 18mm. Mae stydiau byr yn ddelfrydol ar gaeau caled a sych ond ar gaeau mwdlyd, mae'n well cael stydiau hir. Does dim hawl cael un styden ar flaen yr esgid. Bydd y dyfarnwr yn gwneud yn siŵr nad oes ymylon miniog peryglus ar esgidiau rhag ofn i chwaraewyr gael niwed.

Mae lledr a defnydd synthetig yn cael ei ddefnyddio mewn esgidiau heddiw.

Mae lledr yn gallu ymestyn i ffitio troed chwaraewr yn dda, ond pan fydd yn wlyb, mae'r esgid yn gallu colli ei siâp. Mae esgidiau o ddefnydd synthetig yn rhatach ac yn ysgafnach. Mae'n bwysig dewis esgidiau sy'n ffitio'n dda, rhag cael pothelli. Rhaid gofalu am esgidiau, gan eu glanhau a chadw'r lledr neu'r defnydd synthetig mewn cyflwr da.

# Peli Rygbi

Pan ddechreuodd bechgyn chwarae rygbi yn Ysgol Rugby ganol y 19eg ganrif, William Gilbert, crydd Rugby, oedd yn gwneud peli i'r ysgol. Roedd yn defnyddio pledren mochyn a chasyn lledr o'i chwmpas. Roedd rhaid i rywun anlwcus ddefnyddio piben glai i chwythu'r bledren i fyny pan oedd yn wyrdd a drewllyd.

Roedd y peli cyntaf yn grwn ac yn fwy na pheli heddiw. Yn 1892 penderfynwyd ar faint safonol i'r bêl a gwnaed canol y bêl o rwber yn lle pledren. Datblygodd y bêl hirgron am ei bod yn haws ei dal wrth redeg. Wrth gwrs, gan ei bod yn hirgron, mae'r bêl yn symud yn wahanol ar y llawr i bêl pêl-droed.

Erbyn hyn rhaid i'r bêl bwyso rhwng 400g a 440g. Rhaid i gylchedd y bêl fod rhwng 760mm a 790mm o hyd a rhwng 580mm a 620mm o led.

Hefyd, rhaid bod pedwar panel i'r bêl.

Pêl ledr oedd yn arfer cael ei defnyddio. Roedd hon yn mynd yn drwm os oedd hi'n wlyb. Ond wedyn ar ddechrau'r 1980au, dechreuwyd defnyddio defnyddiau synthetig. Mae'r bêl rygbi fodern yn cadw ei siâp beth bynnag yw'r tywydd. Mae wedi'i gwneud o bolywrethan, lledr synthetig, polyester wedi'i lamineiddio, latecs a glud.

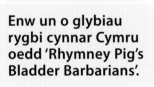

**Enw un o glybiau rygbi cynnar Cymru oedd 'Rhymney Pig's Bladder Barbarians'.**

# Clybiau mawr y gorffennol

*Delme Thomas yn dathlu curo'r Crysau Duon yn 1972.*

Cyn 2003, clybiau mawr Cymru oedd Llanelli, Abertawe, Caerdydd a Chasnewydd. Roedd gwledydd fel Awstralia neu Seland Newydd yn arfer chwarae yn erbyn y clybiau hyn yn ogystal â thîm rygbi Cymru pan oedden nhw ar daith. Roedd Castell-nedd, Pen-y-bont, Pontypridd a Phont-y-pŵl hefyd yn glybiau enwog.

### Dyma rai o gampau'r hen glybiau:

• **Abertawe 11 Seland Newydd 3 yn 1935** – Haydn Tanner a'i gefnder Willie Davies oedd haneri Abertawe; roedd y ddau yn 18 oed ac yn eu tymor olaf yn Ysgol Sirol Tregŵyr. Ar ôl y gêm, meddai capten Seland Newydd, Jack Manchester, "Rhoddodd Haydn Tanner a Willie Davies berfformiadau gwych. Cewch ddweud wrthyn nhw gartref ein bod ni wedi cael ein curo, ond peidiwch dweud mai gan ddau fachgen ysgol oedd hynny!" ("Tell them back home we were beaten by all means, but please not by a couple of school kids!")

• **Caerdydd 8 Seland Newydd 3 yn 1953** – Bleddyn Williams oedd capten Caerdydd a llwyddodd hefyd i guro'r Crysau Duon yng nghrys Cymru.

• **Llanelli 9 Seland Newydd 3 yn 1972** – Roedd clwb rygbi Llanelli'n dathlu 100 mlynedd yn 1972. Arweiniodd Delme Thomas, y capten, ei dîm i'r cae ar ôl clywed yr hyfforddwr Carwyn James o Gefneithin yn dweud ei fod yn hyderus y gallen nhw ennill. Cais mwyaf cofiadwy'r gêm oedd pan darodd Phil Bennett y trawsbren gyda'i gic gosb, ciciodd un o chwaraewyr Seland Newydd y bêl ymlaen ond roedd Roy Bergiers yno i daro'r bêl i lawr a sgorio'r cais a enillodd y gêm.

• **Yn erbyn Awstralia** – Mae Caerdydd wedi chwarae Awstralia chwe gwaith, ac wedi eu curo bob tro! Curodd Llanelli ac Abertawe dîm Awstralia yn 1992. Ar y pryd, nhw oedd Pencampwyr y Byd!

• **Campau Casnewydd.** Rhwng 1957 ac 1974 curodd Casnewydd Awstralia, Seland Newydd, De Affrica a Tonga.

Yng Nghymru heddiw, mae 293 o glybiau'n rhan o Undeb Rygbi Cymru. Ceir pedwar rhanbarth mawr, 14 clwb yn yr Uwch Gynghrair, a gweddill y clybiau mewn Cynghreiriau ar bum lefel.

**Gwefannau i gael rhagor o hanes y clybiau:**

www.swansearfc.co.uk/whites.php
www.llanellirugby.com/history/
www.cardiffrfc.com/index.cfm?method=rugby.history
www.blackandambers.co.uk/
www.neathrugby.co.uk/CLUB-HISTORY.html
www.ponty.net/club/index.php
en.wikipedia.org/wiki/Pontypool_RFC

**Scarlets Llanelli**
gorllewin, canolbarth a gogledd Cymru

**Gweilch Tawe Nedd**
ardal Abertawe, Castell-nedd,
Maesteg a Phen-y-bont

**Gleision Caerdydd**
Caerdydd a chymoedd Morgannwg

**Dreigiau Gwent**
Casnewydd a chymoedd Gwent

www.answers.com
www.scarlets.co.uk
www.newportgwentdragons.com
www.cardiffblues.com
www.ospreysrugby.com

Cafodd rhanbarthau rygbi Cymru eu creu yn 2003. Yn wreiddiol, roedd pum rhanbarth ond daeth y Rhyfelwyr Celtaidd (ardal Pontypridd a Phen-y-bont) i ben yn 2004. Roedd llawer o bobl yn anhapus iawn pan gafodd y rhanbarthau eu ffurfio. Roedd hi'n hawdd i rai rhanbarthau – er enghraifft roedd Scarlets Llanelli'n dilyn ymlaen yn naturiol o glwb rygbi Llanelli. Ond roedd hi'n fwy anodd i dimau Abertawe, Castell-nedd a Phen-y-bont i ddod at ei gilydd i ffurfio'r Gweilch ac i gefnogwyr Pontypridd ddechrau cefnogi Gleision Caerdydd. Mae rhai pobl yn ei chael hi'n anodd i fynd i weld tîm eu rhanbarth lleol yn chwarae oherwydd eu bod yn gweld eisiau'r hen glwb roedden nhw'n arfer ei gefnogi.

Timau'r rhanbarthau sy'n cynrychioli Cymru yn y Cynghrair Celtaidd, Cwpan Heineken a Chwpan EDF Energy. Hyd yma, nid yw Rhanbarthau Cymru wedi gwneud eu marc yn Ewrop, ond mae'r Scarlets wedi ennill y Cynghrair Celtaidd unwaith, ac yn nhymor 2006-07, daeth y Gweilch yn bencampwyr am yr ail dro, yr unig ranbarth i wneud hynny hyd yma. Hefyd curodd y Gweilch Awstralia 21–6 ym mis Tachwedd 2006.

Bydd chwaraewyr gorau'r clybiau yn y cynghreiriau is yn symud ymlaen i gynrychioli eu rhanbarth. Mae gan bob rhanbarth Academi i chwaraewyr ifainc rhwng 15 a 19 oed. Byddant yn cael hyfforddiant ffitrwydd, cyngor maeth, sgiliau seicolegol ac ati fel y gallant ddod yn chwaraewyr proffesiynol i'r rhanbarth maes o law. Ond yn hytrach na'u cadw'n 'ddiogel' yn yr Academi, mae'r rhanbarthau eisiau iddyn nhw fagu profiad wrth chwarae rygbi 'go iawn' bob dydd Sadwrn gyda chlwb o'r cynghreiriau is. Fel hyn bydd chwaraewr ifanc yn datblygu sgiliau arwain a dysgu gwersi wrth wneud ambell gamgymeriad ar hyd y ffordd.

# Scarlets Llanelli

Parc y Strade yw cartref tîm rhanbarthol Scarlets Llanelli a thîm rygbi Llanelli. Mae lle i 10,800 o bobl wylio gêmau. Mae rygbi wedi'i chwarae yno er 1879.

Mae sawl gêm gofiadwy wedi cael ei chwarae ym Mharc y Strade. Curodd Llanelli Awstralia yn 1967 a churo Seland Newydd o 9 i 3 yn 1972.

Bwriad timau rygbi'r Scarlets a Llanelli yw symud i stadiwm newydd ar gyrion Llanelli. Bydd rhaid gwerthu tir Parc y Strade er mwyn cael arian i godi stadiwm newydd.

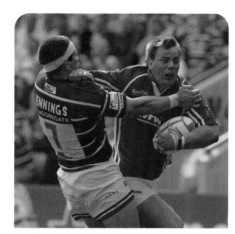

*Matthew Rees*

*Stephen Jones*

*Alix Popham*

# Gweilch Tawe Nedd

Mae Stadiwm Liberty ychydig o filltiroedd i'r dwyrain o ganol dinas Abertawe. Dyma'r ardal lle roedd diwydiannau trwm yr ardal yn y gorffennol. Ar y safle hwn roedd Gwaith Copr Morfa a Gwaith Arian Glandŵr tan ganol y 1920au.

Agorwyd y stadiwm sydd â lle i dros 20,000 o bobl yn 2005. Mae'n gartref i dîm rygbi rhanbarthol y Gweilch a thîm pêl-droed Abertawe. Felly mae hyd at 60 o gêmau pêl-droed a rygbi'n cael eu chwarae yno mewn tymor.

*James Hook*

*Adam a Duncan Jones*

*Alun-Wyn Jones*

# Gleision Caerdydd

Parc yr Arfau yw cartref tîm rhanbarthol Gleision Caerdydd. Roedd tîm rygbi Cymru'n arfer chwarae ei gêmau rhyngwladol yno cyn i Stadiwm y Mileniwm gael ei godi. Robert Howley sgoriodd y cais olaf i Gymru ym Mharc yr Arfau.

Mae gan Ray Gravell atgofion melys iawn o wylio rygbi gyda'i dad ym Mharc yr Arfau ac o chwarae yno dros Gymru:

"Roedd y profiad o ddod i lawr drwy'r twnnel gyda'r chwaraewyr eraill yn anhygoel. Roedd y golau i'w weld yn y pen draw. Wrth redeg ar y cae, roedd y sŵn byddarol ac wynebau'r dorf i gyd yn taro rhywun. Roeddwn i'n teimlo fel petawn i'n tyfu mewn maint, yn troi yn rhyw fath o 'superman'."

Yn 1969, roedd Parc yr Arfau'n cael ei ehangu. Roedd hen stadiwm y gogledd wedi'i thynnu i lawr, a thorf o 29,000 yn unig oedd ar dair ochr arall y cae. A dweud y gwir, safle adeiladu oedd y lle ar y pryd, a gweithwyr yn dal ati i weithio tra oedd y gêmau'n mynd ymlaen!

*Chris Czekaj*

*Xavier Rush*

*Martyn Williams*

# Dreigiau Gwent

Mae stadiwm Rodney Parade yn gartref i Ddreigiau Gwent a thîm rygbi Casnewydd. Mae rygbi a hefyd gêmau eraill wedi'u chwarae yno er 1877. Mae lle i 11,700 o bobl yn y stadiwm.

*Colin Charvis*

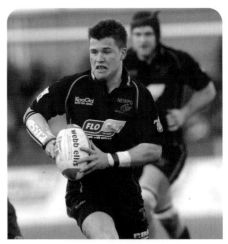

*Ceri Sweeney*

*Michael Owen*

# Clybiau lleol

Yn is na'r clybiau rhanbarthol, mae 14 o glybiau sy'n chwarae i'r Uwch Gynghrair (y *Principality*). O dan y rheiny wedyn mae holl glybiau eraill Cymru mewn pum cynghrair (*Asda*) wedi'u rhannu yn ôl ardal.

Bydd eich clwb lleol yn chwarae gêmau yn un o'r cynghreiriau hyn. Mae'n dibynnu ar faint y clwb ond, fel arfer, bydd gan eich clwb lleol y timau hyn:
- tîm cyntaf
- ail dîm (neu dîm datblygu)
- tîm ieuenctid o dan 19 oed
- nifer o dimau i blant ac ieuenctid – tîm o dan 8 ac ymlaen drwy'r oedrannau hyd at dîm o dan 16 oed
- tîm rygbi merched

Mae llawer o bobl yn gweithio'n wirfoddol i'r timau lleol. Maen nhw'n hyfforddi, cynorthwyo, rhedeg y bar, golchi cit, neu'n swyddogion ym mhwyllgor y clwb. Cyn-chwaraewyr y clwb yw nifer ohonyn nhw.

Bydd cwmnïau lleol yn noddi'r clwb drwy brynu cit a bydd clybiau'n aml yn codi arian drwy gynnal nosweithiau arbennig. Yn wir, y clwb rygbi yw canolbwynt bywyd cymdeithasol sawl ardal yng Nghymru.

Felly, os hoffech chi chwarae rygbi y tu allan i'r ysgol, bydd croeso cynnes i chi yn eich clwb lleol.

# Rygbi merched

Gêm i fechgyn yn unig yw rygbi? Dim o gwbl. Roedd hynny'n arfer bod yn wir, ond erbyn hyn mae cyfle i ferched chwarae mewn timau ar bob lefel.

Mae tua 1,500 o ferched yn chwarae rygbi'n gyson a cheir 25 o glybiau merched hŷn. Gall merched o dan 12 oed chwarae mewn timau cymysg. Wedyn mae timau i ferched o dan 14, o dan 17 a thîm merched hŷn. Mae'r merched gorau yn cael bod yng ngharfan Cymru a chwarae dros eu gwlad.

Catrin Evans yw ysgrifenyddes tîm merched clwb rygbi Dolgellau. Mae hi'n trefnu gêmau i'r tîm merched: "Rygbi yw'r gamp fwyaf poblogaidd i ferched yn y gogledd. Mae'n gêm egnïol ac yn wych i gael gollwng stêm."

## Llinell amser rygbi merched

1970au – dechreuodd merched chwarae rygbi.

1983 – sefydlwyd Undeb Rygbi Merched i Gymru a Lloegr.

1986 – chwaraeodd merched o Gymru yn y gêm ryngwladol gyntaf – tîm Prydain Fawr yn erbyn Ffrainc.

1987 – y gêm gyntaf rhwng merched Cymru a Lloegr.

1991 – cystadleuaeth cwpan Rygbi Merched y Byd yn cael ei chynnal am y tro cyntaf.

1995 – sefydlu cystadleuaeth rhwng timau ynysoedd Prydain: Cymru, Lloegr, yr Alban ac Iwerddon.

2001 – sefydlu cystadleuaeth y chwe gwlad, sef Cymru, Lloegr, yr Alban, Iwerddon, Ffrainc a Sbaen. Erbyn hyn, mae tîm o'r Eidal yn chwarae yn lle'r tîm o Sbaen.

*Merched Cymru yn erbyn merched Iwerddon, 2007*

Mae un o chwaraewyr clwb rygbi Dolgellau, Elen Evans, yn chwarae fel cefnwr dros Gymru: "Dechreuais chwarae rygbi i dîm merched hŷn Dolgellau pan oeddwn i'n 16 oed. Erbyn hyn, dw i'n chwarae'n gyson i Gymru. Mae'r rheolau'r un fath â rygbi dynion, ond yn wahanol i'r dynion, gêm amatur yw rygbi merched. Felly byddaf yn gweithio drwy'r wythnos ac yn teithio i dde Cymru ar nos Wener er mwyn hyfforddi dros y penwythnos. Weithiau bydd gêm ryngwladol ar ddydd Sul a thyrfa o dri neu bedwar cant o bobl yn dod i'n gweld ni. Mae chwarae dros Gymru'n brofiad gwefreiddiol bob amser."

*Tîm merched Ysgol Dyffryn Conwy, Llanrwst*

Mae gwybodaeth am rygbi merched Cymru, gan gynnwys adroddiadau am gêmau ac ati ar www.wru.co.uk

*Elen Evans yn rhedeg gyda'r bêl*

# Pobl allweddol

### Chwaraewyr

Mae rygbi'n gêm broffesiynol er 1995. Ond dim ond tua 140 o chwaraewyr sy'n chwarae'n gwbl broffesiynol. Y rhain yw'r chwaraewyr ar y lefel uchaf sy'n chwarae i'r rhanbarthau. Bydd chwaraewyr yr Uwch Gynghrair yn cael rhywfaint o arian ond mae'n rhaid iddyn nhw gael swydd. Mae chwaraewyr ar lefelau is yn cael tâl bychan ond hobi yw rygbi iddyn nhw, nid bywoliaeth. Yn wir, mae llawer o chwaraewyr yn talu i'w clybiau ac yn codi arian drostyn nhw er mwyn cael y pleser o chwarae.

Breuddwyd pob Cymro neu Gymraes sy'n chwarae rygbi yw ennill cap a gwisgo'r crys coch wrth chwarae dros Gymru. Dyma un Cymro sydd wedi llwyddo i wneud hynny.

**Holiadur Nicky Robinson**

**Clwb:** Gleision Caerdydd
**Safle:** Maswr
**Man Geni:** Caerdydd
**Dyddiad Geni:** 3 Ionawr 1982
**Taldra:** 6 throedfedd 1 modfedd
**Pwysau:** 14 stôn 8 pwys
**Ysgol gynradd:** Melin Gruffudd, Caerdydd
**Ysgol uwchradd:** Ysgol Gyfun Glantaf
**Gêm fwyaf cofiadwy:** Chwarae i Gymru yn erbyn yr Ariannin yn Buenos Aires yn 2004.
**Capiau rhyngwladol hyd at Mai 2007:** 13

## Wythnos ym mywyd Nicky Robinson

**Dydd Llun:** Pawb yn codi pwysau er mwyn cryfhau'r corff – mae'n bwysig bod mewn cyflwr da i chwarae'r gêm. Bwyta gyda'n gilydd fel tîm amser cinio, gan fwyta bwydydd iach. Chwarae gêm o griced, sy'n llawer o hwyl, yn ystod yr awr ginio.

**Dydd Mawrth:** Gwylio fideos o'n gwrthwynebwyr i weld pa fath o gêm maen nhw'n ei chwarae a beth yw gwendidau'r tîm. Ymarfer rygbi wedyn, achos mae'n bwysig i bob aelod o'r tîm ddeall ei rôl. Fel maswr, mae'n bwysig i mi ymarfer fy nghicio, felly rwy'n aros yn hwyrach i ganolbwyntio ar hynny.

**Dydd Mercher:** Ymarfer rygbi eto. Ymarfer fy nghicio am awr neu ddwy wedyn. Ambell brynhawn bydd gennym ddyletswyddau yn y gymuned. Heddiw rydyn ni'n hyfforddi plant ysgol. Mae'r holl sgwad yn mwynhau cwrdd â'n cefnogwyr ifanc.

**Dydd Iau:** Diwrnod i orffwys heddiw. Mae rygbi'n gêm gorfforol iawn felly mae'n bwysig rhoi amser i'r corff orffwys. Hyd yn oed ar fy niwrnod rhydd rwy'n ymarfer cicio. Wedyn, fel arfer, rwy'n cwrdd â rhai o'r bechgyn am goffi yn y dre. Weithiau mae'n rhaid gwneud gwaith i'r clwb. Heddiw rwy'n gorfod modelu dillad newydd y Gleision ar gyfer catalog y siop. Mae'n eitha hwyl gwneud y math yma o beth.

**Dydd Gwener:** Diwrnod cyn y gêm rydyn ni'n cael 'team run', lle mae'r holl fechgyn sy'n chwarae yn cael un sesiwn ymarfer olaf. Gweithio ar y symudiadau a'r tactegau rydyn ni'n bwriadu'u defnyddio yn erbyn ein gwrthwynebwyr. Ymarfer fy nghicio am y tro olaf cyn y gêm.

**Dydd Sadwrn:** Diwrnod y gêm fawr. Fydda i ddim yn bwyta llawer cyn y gêm achos mae'n rhaid gwneud yn siŵr fod y corff ar ei orau cyn chwarae. Mae seicoleg yn bwysig iawn hefyd ac mae'n rhaid bod yn 'focused' iawn cyn mynd ar y maes. Ar ôl gêm mae'r ddau dîm yn cwrdd ac yn bwyta gyda'i gilydd. Mae rygbi'n ffordd grêt o ddod i nabod pobol a gwneud ffrindiau newydd.

**Dydd Sul:** Diwrnod ar ôl y gêm rwy'n tueddu i ymlacio. Rwy'n mwynhau llawer o chwaraeon ac yn hoffi gwylio pêl-droed neu chwarae golff. Rwy hefyd yn cael cinio dydd Sul gyda fy nheulu. Maen nhw wedi bod yn gefnogol iawn i mi gyda fy ngyrfa rygbi.

# Capten y tîm

Y tîm hyfforddi (gweler tudalen 44) sy'n penderfynu pwy ddylai fod yn gapten ar y tîm.

Maen nhw'n chwilio am rywun sy'n:
- chwaraewr cyson
- siarad yn dda (yn aml iawn, y capten sydd â'r gair olaf cyn mynd ar y cae)
- gallu arwain drwy esiampl
- gweithio'n galed ar y cae
- ysbrydoli chwaraewyr eraill
- ymgorffori gwerthoedd y clwb.

Fel y dywed **Ray Gravell**: "Ddylai capten ddim gofyn i neb wneud dim na fyddai'n fodlon ei wneud ei hunan."

Mae Ray Gravell yn cofio am **Delme Thomas**, capten Llanelli, yn siarad cyn y gêm enwog yn erbyn Seland Newydd yn 1972: "Dywedodd Delme y byddai'n fodlon aberthu popeth roedd e wedi'i gael yn y byd rygbi i gael y fuddugoliaeth y prynhawn hwnnw. A fyddai e ddim eisiau neb arall, dim ond y rhai oedd yn yr ystafell newid, gydag e i wynebu'r Crysau Duon."

Cafodd y tîm ei ysbrydoli gan ei eiriau, ac ennill 9–3.

Weithiau, mae'n anodd i chwaraewr ymdopi â bod yn gapten. Dydy rhai chwaraewyr ddim yn chwarae cystal ar ôl cael eu dewis yn gapten. Wedyn, rhaid i'r hyfforddwyr ailfeddwl a chwilio am gapten arall.

Dyma rai o gapteiniaid gorau Cymru: **Bleddyn Williams** – y capten olaf i arwain Cymru i fuddugoliaeth yn erbyn Seland Newydd yn 1953.

**Clive Rowlands** – bu'n gapten bob tro y chwaraeodd dros Gymru – 14 gwaith i gyd.

**John Dawes**, **Mervyn Davies** a **Phil Bennett** – capteiniaid Cymru yn ystod Oes Aur y 1970au

Rhai o gapteiniaid y cyfnod diweddar: **Ieuan Evans**, **Robert Howley**, **Scott Gibbs**, **Gareth Thomas**, **Stephen Jones**.

Capten Cymru yn y gêm rhwng Iwerddon a Chymru yn Belfast ym 1914 oedd y Parch. J. Alban Davies. Ond doedd dim byd yn barchus am y gêm hon. 'The Terrible Eight' oedd llysenw pac Cymru, a threuliodd nifer o'r chwaraewyr eu hamser yn ymladd yn y gêm pan nad oedd y bêl yn agos atyn nhw. Cafodd y gêm ei chofio yn Iwerddon fel 'The Roughest Ever'.

*Mervyn Davies*

*Phil Bennett*

# Y tîm hyfforddi

*Robin McBryde, hyfforddwr sgiliau'r blaenwyr*

*Rowland Phillips, hyfforddwr amddiffyn Cymru*

*Nigel Davies, hyfforddwr ymosod Cymru*

Mae gan y tîm cenedlaethol a thimau'r rhanbarthau griw o bobl sy'n gweithio i hyfforddi'r tîm:

- Prif hyfforddwr/cyfarwyddwr rygbi
- Hyfforddwyr y blaenwyr/olwyr
- Hyfforddwyr yr ymosod/ yr amddiffyn
- Hyfforddwyr ffitrwydd
- Hyfforddwr sgiliau (gyda'r tîm cenedlaethol)
- Maethegydd

Bydd gan glybiau yn y cynghreiriau is hefyd nifer o hyfforddwyr – e.e. prif hyfforddwr, hyfforddwr ffitrwydd, hyfforddwyr blaenwyr/olwyr – sy'n hyfforddi'r tîm cyntaf a'r tîm datblygu.

Un o'r prif bethau mae'r hyfforddwyr yn ei wneud yw penderfynu cyfeiriad hyfforddi'r tîm. Bob tro y bydd y tîm yn chwarae, bydd fideo'n cael ei wneud o'r gêm a dadansoddwyr fideo'n mynd ati i ddidoli gwybodaeth am wahanol bethau. Er enghraifft, pa ganran o'r meddiant gafodd y tîm, sawl tacl a gollwyd, sawl tro a sut yr enillodd y tîm y lein ac ati. Yn ogystal, mae darnau gwahanol yn cael eu rhoi at ei gilydd am bob chwaraewr unigol yn y tîm. 'Sports coding' yw'r enw am hyn. Ar ddiwedd y broses hon bydd yr hyfforddwyr yn gallu gwylio pob enghraifft o sgrymiau, sgarmesi, ryciau, leiniau a chwarae rhydd. Hefyd bydd ganddyn nhw glipiau o chwaraewr unigol yn taclo, pasio, cicio neu'n rhedeg â'r bêl.

Hefyd, cyn pob gêm, bydd yr hyfforddwyr yn edrych ar ddadansoddiad o gêmau'r gwrthwynebwyr fel bod pob chwaraewr yn gwybod beth i'w ddisgwyl gan y tîm i gyd a chan chwaraewyr unigol.

## Y prif hyfforddwr / cyfarwyddwr rygbi

Dyma'r person pwysicaf yn y tîm hyfforddi. Mae angen iddo ysbrydoli'r chwaraewyr i wneud eu gorau glas ym mhob gêm ac wrth hyfforddi yn ystod yr wythnos. Mae'r hyfforddwr gorau yn:

- asio'r garfan at ei gilydd
- trin pob chwaraewr yn deg
- deall cryfderau a gwendidau pob unigolyn
- gwrando ar syniadau'r chwaraewyr
- gosod targedau realistig
- deall seicoleg a sut i ysbrydoli pobl.

Cymru oedd y wlad gyntaf erioed i gael hyfforddwr. David Nash oedd enw hyfforddwr cyntaf Cymru yn 1968. Dechreuodd y tîm gwrdd ar ddydd Suliau i ymarfer cyn gêmau rhyngwladol. Cyn hynny, roedd gan dîm Cymru reolwr i fynd ar daith, ond y capten oedd yn penderfynu ar dactegau, ac roedd aelodau'r tîm yn cwrdd â'i gilydd am y tro cyntaf tua 48 awr cyn gêm.

*Lyn Jones, prif hyfforddwr y Gweilch*

### Gareth Jenkins

(Hyfforddwr Cymru o fis Mai 2006).

"Hyfforddwr sy'n llwyddo i ysbrydoli pawb y mae'n ei hyfforddi. Mae'n llawn brwdfrydedd am rygbi ac yn teimlo'n angerddol am y gamp . . . Mae'n berson emosiynol a dewr, ac mae chwaraewyr yn fodlon dilyn person sy'n fodlon dangos dewrder ac emosiwn." (Alex Lawson)

"Hyfforddwr angerddol ac emosiynol. Mae'n drylwyr dros ben ac yn dadansoddi pob agwedd ar y chwarae. Cymeriad deallus iawn. Mae balchder ganddo yn ei wlad ac mae bechgyn Cymru'n ymateb i hynny." (Ray Gravell)

### Mike Ruddock

(Hyfforddwr Cymru rhwng 2004 a mis Chwefror 2006, gan gynnwys y Gamp Lawn yn 2005).

"Fe fuodd Mike Ruddock yn allweddol wrth drosglwyddo'r elfen o Gymreictod i'w chwaraewyr. Gwnaeth iddyn nhw sylweddoli ein bod ni'n wahanol i bawb arall. Fe fuodd e'n olrhain hanes Cymru ac yn codi ymwybyddiaeth o'n hanes drwy sôn am Llywelyn a Glyndŵr." (Ray Gravell)

### Graham Henry

(Hyfforddwr Cymru rhwng 1998 a 2003).

"Fel gŵr o Seland Newydd, efallai nad oedd Graham Henry mor emosiynol â rhai o'r Cymry fuodd yn hyfforddi Cymru. Ond roedd y meddylfryd a'r agwedd yn iawn – rhaid ennill ar bob cyfrif. Ac ennill gydag argyhoeddiad." (Ray Gravell)

"Er iddo gael rhediad o 10 gêm heb golli gyda Chymru, yn y pen draw doedd e ddim yn deall anian y Cymro'n iawn. Roedd e'n trio dod â phethau oedd yn gweithio yn Seland Newydd i mewn i gêm y Cymry. Ond roedd traddodiad y gêm yng Nghymru'n wahanol, a bechgyn Cymru (ar y pryd) yn llai o faint na bechgyn Seland Newydd. Felly roedd gêm Henry yn annaturiol i'r Cymry am ei bod yn dibynnu mwy ar bŵer na sgìl." (Huw Llywelyn Davies)

### John Dawes

(Hyfforddwr Cymru rhwng 1974 a 1979).

Enillodd Cymru 4 Coron Driphlyg yn olynol yn y pedair blynedd 1976–79 a dwy Gamp Lawn yn 1976 a 1978 o dan ei arweiniad.

"Roedd John Dawes wedi bod yn gapten ar y Llewod ac ennill y gyfres yn erbyn Seland Newydd yn 1971. Er nad oedd yn un o'r chwaraewyr disgleiriaf, roedd yn uchel ei barch ac yn gwneud y pethau sylfaenol yn iawn. Roedd yn gallu darllen a deall y gêm yn dda ac yn llwyddo i gyfleu hynny i'r chwaraewyr. Ac yn goron ar y cyfan, roedd yn gallu trin pobl yn dda." (Huw Llywelyn Davies)

### Clive Rowlands

(Hyfforddwr Cymru rhwng 1968 a 1974, y person ifancaf i fod yn hyfforddwr ar ei wlad).

"Cymro i'r carn. Gwladgarwr angerddol. Roedd yn feistr ar ddefnyddio seicoleg ac yn angerddol a lleisiol iawn yn yr ystafell newid." (Ray Gravell)

"Mae gan Clive Rowlands record arbennig iawn yn rygbi'r byd – mae wedi dal pob swydd bosibl – bu'n chwarae dros ei wlad ac yn gapten ac yn hyfforddwr y tîm cenedlaethol, bu'n ddewiswr ac yn gadeirydd y dewiswyr, yn llywydd Undeb Rygbi Cymru ac yn rheoli'r Llewod. Ac mae wedi gwneud hyn i gyd yn erbyn Seland Newydd. Mae e hyd yn oed wedi canu mewn côr cyn gêm Seland Newydd!" (Huw Llywelyn Davies)

*Gareth Jenkins*

*Mike Ruddock*

*Graham Henry*

*Clive Rowlands*

### Carwyn James
(Hyfforddwr Llanelli yn y 1970au a'r Llewod yn 1971).

Ni fu Carwyn James erioed yn hyfforddi Cymru, ond mae'n un o hyfforddwyr mwyaf dylanwadol Cymru. Bu Gareth Jenkins, prif hyfforddwr Cymru, a Ray Gravell yn chwarae yn nhîm Llanelli pan oedd Carwyn James yn hyfforddwr. Bu Carwyn James hefyd yn hyfforddi am gyfnod ar ddiwedd y 1970au yn Rovigo yn yr Eidal, a bu'n helpu i ddatblygu rygbi'r Eidal. Mae Canolfan Carwyn James i'w gael yn Ysgol y Gwendraeth, oherwydd ei fod yn arwr a fagwyd yn yr ardal, ac mae adeilad chwaraeon Prifysgol Cymru Aberystwyth wedi'i enwi ar ei ôl.

"Roedd Carwyn yn athrylith – mewn sawl maes. Roedd e'n adnabod pob un fel unigolyn ac yn gwybod sut i'n cael ni i chwarae ar ein gorau. Roedd yn gwneud i mi feddwl fy mod i'n well chwaraewr nag oeddwn i. Un tro, fe ddwedodd e wrtha i, 'Raymond, rwyt ti'n mynd i gynrychioli dy wlad.' Dechreuais innau gredu hynny, a dyna ddigwyddodd yn y pen draw. Roedd ganddo bresenoldeb arbennig. Roedd yn dawel ond yn hyderus yn yr ystafell newid ac yn gallu beirniadu mewn ffordd adeiladol iawn."
(Ray Gravell)

http://www.sportstat.co.uk/mediaguide/CarwynJames.html

*Alex Lawson wrth ei waith*

### Hyfforddwr ffitrwydd
Gwaith hyfforddwr ffitrwydd yw paratoi'r chwaraewyr yn gorfforol i chwarae gêm o rygbi. Rhaid gwella ffitrwydd aerobig y chwaraewyr (fel bod corff y chwaraewr yn gwneud gwell defnydd o ocsigen). Hefyd rhaid gwneud i'r chwaraewyr fod yn gryfach ac yn gyflymach.

Felly mae'r hyfforddwr yn llunio rhaglen o ymarferion sy'n addas i rygbi. Mae hyn yn cynnwys:
* ymarferion cryfder a phŵer – codi pwysau, llusgo pwysau – hyd at 100 y cant o bwysau'r corff – ymlaen ac am yn ôl
* ymarferion cyflymder – sbrintio
* ymarferion hyblygrwydd – ymestyn
* ymarferion neidio, hercian a llamu (*plymetric training*)
* campau eraill (*cross-training*), e.e. nofio, gêmau gyda pheli o wahanol faint e.e. criced.

Yn ôl Alex Lawson, sy'n hyfforddwr ffitrwydd gyda Gweilch Tawe Nedd, mae'r ymarferion hyn yn gallu cael effaith fawr ar gyrff chwaraewyr:

"Mae effaith hyfforddiant ffitrwydd ar chwaraewyr ifainc (o dan 19 oed) yn rhyfeddol, gan eu bod nhw'n dal i dyfu. Hefyd mae chwaraewyr hŷn yn gallu gwella eu perfformiad yn fawr. Wrth fod yn fwy ffit, maen nhw'n gallu chwarae ar eu gorau am 80 munud. Ond mae angen i'r chwaraewr ei hun ymdrechu ac aberthu. Dim ond llunio rhaglen iddyn nhw mae hyfforddwr ffitrwydd yn ei wneud."

## Maethegydd

Mae gan dîm Cymru faethegydd sy'n llunio rhaglen fwyta i'r holl chwaraewyr rhyngwladol. Bedair gwaith bob tymor, bydd y chwaraewyr yn cael profion i weld faint o fraster sydd ar eu cyrff. Hefyd byddan nhw'n cael profion gwaed a phoer. Wedi gweld canlyniadau'r profion hyn, bydd y maethegydd yn gallu llunio rhaglen fanwl i bob chwaraewr unigol.

Mae'r rhaglen yn rhoi sylw i:

- faint o fwyd mae'r chwaraewr yn ei fwyta.
- y math o fwyd mae'n ei fwyta
- pa mor aml yn ystod y dydd mae'n bwyta
- canran y protein, y braster a'r carbohydradau y dylai ei fwyta
- unrhyw ychwanegion y dylai'r chwaraewr eu cymryd
- hydradiad (faint o hylif mae'r chwaraewr yn ei yfed)

Mae disgwyl i bob chwaraewr proffesiynol ddilyn y rhaglen yn ofalus er mwyn iddo allu chwarae ar ei orau.

---

### ENGHRAIFFT O FWYDLEN DIWRNOD NODWEDDIADOL CHWARAEWR RYGBI PROFFESIYNOL

**Brecwast:** Wyau (a/neu facwn) (*protein*), grawnfwyd a thost (*carbohydradau*)

**Cinio:** Cyw iâr (*protein*) a phasta/reis/tatws (*carbohydradau*) neu
Stecen (*protein*), tatws drwy'u crwyn (*carbohydradau*) a llysiau (*ffibr*)
Mae angen y carbohydradau cyn hyfforddi bob amser.

**Ar ôl hyfforddi:** 'Protein shake' – powdwr wedi'i gymysgu â llaeth neu ddŵr.

**Byrbryd:** 'Jaffa Cakes' i roi egni sydyn.

**Swper:** Stecen fawr (*protein*). Does dim angen carbohydradau achos nad oes hyfforddi'n digwydd ar ôl swper. Mae protein yn bwysig i adnewyddu'r corff.

**Hylif:** Bydd chwaraewr yn cael ei bwyso cyn ac ar ôl hyfforddi. Yn *syth* ar ôl ymarfer, rhaid iddo yfed rhwng 1 a 2 litr o ddŵr am bob 1kg o hylif y mae wedi'i golli wrth hyfforddi (tua hanner kilogram am bob awr o hyfforddi).

**DIM ysmygu ac YCHYDIG IAWN o alcohol** – ar ôl gêm gyda bwyd yn unig.
Mae alcohol yn gwneud i'r corff ddadhydradu (colli gormod o ddŵr).

## Swyddog meddygol

Mae gan dîm rygbi Cymru swyddog meddygol sy'n rhoi cyngor meddygol cyffredinol i'r chwaraewyr.

Os bydd chwaraewr yn cael anaf, mae'n edrych ar y fideo o'r rhan o'r gêm lle digwyddodd yr anaf er mwyn gweld yn union beth ddigwyddodd. Bydd wedyn yn cael golwg ar y sleidiau pelydr-X a siarad â'r chwaraewr a'r ffisiotherapydd i lunio rhaglen adfer.

Os bydd anafiadau'n digwydd yn gyson mewn rhan o'r gêm, mae'n rhoi gwybod i Undeb Rygbi Cymru. Wedyn bydd yr Undeb yn ystyried a oes eisiau newid y rheolau fel bod llai o anafiadau'n digwydd.

## Ffisiotherapydd

Mae ffisiotherapydd gan bob un o'r prif dimau. Eu gwaith yw helpu chwaraewyr i wella o anafiadau. Pan fydd chwaraewr yn cael anaf mewn gêm, y ffisiotherapydd sy'n rhedeg ar y cae i roi cymorth cyntaf iddo. Os nad yw'r chwaraewr yn gallu chwarae ar ôl cael yr anaf, bydd y ffisiotherapydd yn llunio rhaglen o ymarferion i'r rhan o'r corff sydd wedi cael anaf. Gall hyn gynnwys ymarferion ymestyn, tylino'r corff ac ati. Bydd angen gwahanol fathau o ymarferion i wella gwahanol anafiadau.

Mae rhai anafiadau'n cymryd amser i wella, felly rhaid bod yn amyneddgar. Mae'n bwysig nad yw chwaraewyr yn ailddechrau chwarae'n rhy gynnar ar ôl cael anaf. Gallai hynny wneud llawer o ddrwg. Weithiau bydd chwaraewyr yn gorfod ymddeol o'r gêm os byddan nhw'n dioddef o'r un anaf dro ar ôl tro.

*Criw ffisiotherapi'r Gweilch*

## Tirmoniaid

Mae gwaith y tirmoniaid yn hynod bwysig. Hebddo, fyddai hi ddim yn bosibl cynnal gêm o rygbi. Y tirmon sy'n gyfrifol am gynnal a chadw'r cae rygbi fel bod y glaswellt neu'r borfa mewn cyflwr delfrydol. Felly, rhaid:

- rhoi gwrtaith ar y tir i'r borfa dyfu'n dda
- dyfrhau mewn tywydd poeth
- gwneud yn siŵr bod y tir yn draenio os bydd hi'n wlyb iawn
- torri'r glaswellt
- hau had os bydd y borfa'n teneuo
- cael gwared ar chwyn
- marcio llinellau
- gosod y pyst a'r baneri
- codi sbwriel

Mae rhywbeth i'r tirmon ei wneud drwy'r flwyddyn. Yn yr haf, cyn i'r tymor rygbi ddechrau, bydd angen peintio'r pyst rygbi. Hefyd, rhaid gwneud yn siŵr fod y llinellau i gyd yn cael eu marcio'n gywir ar y cae. Ar ôl i'r tymor ddechrau, bydd ambell ran o'r cae yn mynd yn fwdlyd. Wedyn rhaid gwneud tyllau yn y tir â fforch a rhoi ychydig o dywod i helpu'r cae i sychu. Weithiau bydd angen rhoi tyweirch newydd mewn mannau gwael.

Yn y caeau mwyaf modern, e.e. yn Stadiwm y Mileniwm, mae system wresogi danddaearol yn atal y cae rhag rhewi'n gorn yn y gaeaf. Hefyd, mae systemau ar gael sy'n dangos a oes angen dyfrio ac yn nodi tymheredd y cae.

### Gêm mewn pwll tywod

Roedd pob gêm rygbi wedi'i chanslo ar y 4ydd o Ionawr 1998 – pob un ond y gêm rhwng Castell-nedd a Llanelli. Rhoddwyd tair tunnell o dywod ar y maes ac aeth y gêm yn ei blaen!

### Rhewi'n gorn

Roedd gaeaf 1962-63 yn galed iawn a chaeau rygbi'n rhewi'n gorn. Ond roedd tirmoniaid Parc yr Arfau'n mynnu bod y gêm rhwng Cymru a Lloegr ym mis Ionawr 1963 yn mynd yn ei blaen. Dyma nhw'n rhoi haen drwchus o wellt ar y cae rai dyddiau cyn y gêm, tynnu'r rhan fwyaf ar fore'r gêm a gadael haen denau olaf i'w thynnu awr cyn y gêm. Llwyddodd y gêm i fynd yn ei blaen ar ôl i'r gweithwyr glirio'r rhew a'r eira oddi ar y terasau.

# Swyddogion

## Llumanwyr

Dau lumanwr sydd ar y cae. Maen nhw'n sefyll bob ochr i'r cae, y tu hwnt i'r ddwy ystlys. Os yw'r bêl yn mynd dros yr ystlys, maen nhw'n codi baner ac yn sefyll lle yr aeth y bêl drosti. Pan fydd chwaraewr yn cicio at y gôl, bydd y llumanwyr yn sefyll o dan y pyst ac yn penderfynu a yw'r gic yn llwyddiannus. Rhaid i'r llumanwyr gadw llygad barcud am ddigwyddiadau brwnt. Os byddan nhw'n gweld chwaraewr yn taflu ergyd neu'n cicio gwrthwynebydd, byddan nhw'n cysylltu â'r dyfarnwr.

Er bod dau lumanwr, nid nhw sydd â'r gair olaf. Y dyfarnwr sy'n gwneud y penderfyniad terfynol bob tro.

## Y Dyfarnwr

Y dyfarnwr yw'r person sy'n rheoli'r gêm ac yn gwneud yn siŵr fod y chwaraewyr yn dilyn y rheolau. Fe (neu hi) hefyd sy'n cadw'r amser a'r sgôr. Mae dyfarnwr fideo mewn gêmau rhyngwladol a rhai gêmau pwysig rhwng clybiau sydd ar y teledu. Bydd yn edrych yn fanwl ar unrhyw ddigwyddiad ar fideo, e.e. cais sydd efallai wedi bod yn llwyddiannus, a rhoi'r wybodaeth i'r dyfarnwr ar y cae.

Mae rhai dyfarnwyr yn dechrau dyfarnu pan fyddan nhw yn eu harddegau. Ond, fel arfer, chwaraewyr yn eu hugeiniau sy'n penderfynu dechrau dyfarnu.

Mae digon o hyfforddiant ar gael. Mae Undeb Rygbi Cymru'n trefnu cyrsiau i ddyfarnwyr ar wahanol lefelau, ond rhaid i bob dyfarnwr ddilyn cwrs Lefel Un y Bwrdd Rygbi Rhyngwladol. Ar ôl dilyn rhagor o gyrsiau a magu profiad, mae'n bosib dyfarnu gemau rhwng timau ar lefelau uwch. Y peth pwysicaf yw darllen *Undeb Rygbi Cymru: Rheolau'r Gêm*, 'beibl' y dyfarnwyr –

sy'n cynnwys holl reolau'r gêm. Roedd Alun Wyn Bevan, y sylwebydd rygbi, yn arfer dyfarnu. Dyma'i restr ef o'r hyn sydd ei angen ar bob dyfarnwr:

- gwybodaeth fanwl o'r holl reolau
- y gallu i drin a thrafod y 30 chwaraewr o dan ei ofal
- digon o hiwmor, a bod yn fodlon chwerthin
- rhaid bod yn gwbl deg ac onest
- rhaid bod yn ffit iawn er mwyn cadw gyda'r chwarae
- rhaid i ddyfarnwr gydnabod os yw'n gwneud camgymeriad – mae'n hawdd gwneud camgymeriadau gyda 30 o bobl ar y cae, ac 16 ohonyn nhw (y blaenwyr) yn agos at ei gilydd
- rhaid i'r dyfarnwr gofio mai'r chwaraewyr yw'r bobl bwysicaf ar y cae, nid ef ei hun.

Mae'r dyfarnwr rhyngwladol Nigel Owens o Bontyberem yn ychwanegu: "Pan fydd chwaraewyr o bob tîm yn dod i siglo llaw ar ddiwedd gêm, dw i'n gwybod bod pethau wedi mynd yn iawn. Maen nhw wedi mwynhau'r gêm, ac mae hynny'n bwysig."

Mae Nigel Owens hefyd yn sôn am yr holl bwysau sydd ar ddyfarnwyr yn y gêm broffesiynol: "Erbyn hyn, mae gyrfaoedd pobl yn

*Alun Wyn Bevan yn dyfarnu*

*Nigel Owens*

## Sylwebwyr

Os nad ydych chi'n gallu mynd i gêm eich hunan, bydd sylwebwyr yn dod â'r gêm yn fyw i chi ar y radio neu'r teledu. Ond dim ond ers canol yr ugeinfed ganrif mae sylwebu yn Gymraeg wedi bod yn digwydd.

Roedd erthyglau ar rygbi wedi bod yn ymddangos yn Gymraeg ers tro, a gohebwyr fel Dr Gwent Jones o Abertawe yn y 1930au yn bathu termau newydd fel asgell, blaenwyr, haneri a sgrym er mwyn disgrifio a dadansoddi gêmau yn y Cymro.

Yn y 1950au y dechreuodd sylwebu ar gêmau rygbi ar y radio yn Gymraeg am y tro cyntaf. Eic Davies o Bontardawe oedd y sylwebydd cyntaf ar radio a bathodd y rhan fwyaf o'r termau sy'n dal i gael eu defnyddio heddiw, er enghraifft, cic adlam, cais, ystlys, mewnwr a maswr.

Yn ystod y 1970au roedd sylwebaethau cyson ar gêmau rhyngwladol ar y radio. Byddai Huw Llywelyn Davies, mab Eic Davies, a John Evans yn sylwebu, a Carwyn James yn rhoi ei farn fel arbenigwr.

gallu dibynnu ar benderfyniadau yn ystod y gêm. Os bydd tîm yn colli oherwydd un o benderfyniadau'r dyfarnwr, efallai bydd yr hyfforddwr yn colli ei swydd neu bydd chwaraewyr yn cael eu gollwng o'r tîm. Felly mae'n bwysig fod pob penderfyniad yn gywir."

I Alun Wyn Bevan, roedd hi'n haws dyfarnu mewn gêm fawr na gêm fach:
"Pan fydd 25,000 yn gwylio gêm, swn yn y cefndir yw swn y dorf. Ond pan fydd 50 o bobl yn gwylio, bydd y dyfarnwr yn clywed pob peth maen nhw'n ddweud. Ac os ydyn nhw'n anghytuno â'r dyfarnwr, maen nhw'n dweud pethau ofnadwy!"

Felly, mae'r dyfarnwyr yn gallu teimlo'n unig iawn. Yn ôl Nigel Owens, mae hyfforddwyr a chwaraewyr y ddau dîm yn ffrindiau mawr â'r dyfarnwr cyn y gêm, ond ar ôl y gêm, bydd un tîm wedi ei siomi ac yn cadw draw. Wedi dweud hynny, mae dyfarnwyr yn cael teithio i wahanol fannau a chwrdd â llawer o wahanol bobl.

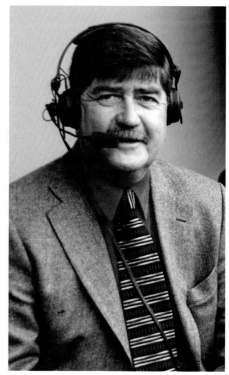

*Huw Llywelyn Davies*

*Clive Rowlands ac Alun Wyn Bevan*

Roedd gwrandawyr Cymraeg yn arfer gwylio'r gêm ar y teledu, ond yn diffodd y sain a gwrando ar y sylwebaeth Gymraeg ar y radio.

Bu'n rhaid aros tan y 1980au cyn i gêmau rygbi gael eu dangos ar y teledu yn Gymraeg. Huw Llywelyn Davies oedd y sylwebydd teledu cyntaf yn Gymraeg. Erbyn hynny, roedd y termau Cymraeg wedi cael eu derbyn.

"Pan oeddwn i'n blentyn, roedden ni'n chwarae yn Gymraeg ond roedd y termau yn Saesneg. Ond, mae plant heddiw'n defnyddio 'mewnwr' neu 'cic adlam' yn hollol naturiol.'

Erbyn heddiw, mae sylwebaeth yn Gymraeg ar nifer fawr o gêmau rygbi ar S4C a Radio Cymru. Yn ôl Alun Wyn Bevan, mae gwahaniaeth mawr rhwng sylwebu ar y radio a sylwebu ar y teledu:

"Y gyfrinach ar deledu yw gwybod pryd i gau eich ceg gan fod y lluniau'n dweud cymaint. Ond ar y radio, gallwch chi siarad a siarad yn ddiddiwedd. Chi yw'r camera sy'n cyflwyno darlun o'r gêm i'r gwrandawyr."

Yn ôl Huw Llywelyn Davies:

"Ar y radio, mae'n bwysig dweud 'beth' sy'n digwydd. Mae cyflwyno daearyddiaeth y cae'n bwysig fel bod y gwrandawyr yn gweld y cae – pwy sy'n symud i ba gyfeiriad. Ar y teledu, mae'n rhaid dweud 'pam' mae pethau'n digwydd. Mae'r gwylwyr yn gweld y cyfan, felly oni bai eich bod chi'n ychwanegu at y llun ar y camera, does dim pwynt dweud dim."

Bydd Huw Llywelyn Davies yn dechrau paratoi rai dyddiau cyn sylwebu ar gêm rygbi:

"Dw i'n gweld pwy sy'n chwarae ac yn casglu ystadegau am y chwaraewyr a'r gêm. Dw i'n paratoi taflen o ffeithiau ond dw i'n ceisio peidio gwthio ystadegau. Maen nhw yno os bydd rhywbeth yn digwydd ar y cae rygbi. Does dim angen sôn bod John Jones yn gricedwr dawnus tan iddo ddal pêl anodd.

Wrth gwrs, mae'n rhaid dysgu enwau'r chwaraewyr i gyd. Mae hynny'n gallu bod yn anodd pan fydd timau o Ynysoedd Môr y De neu Japan yn dod draw. Ond mae mwy o waith cofio pan fydd saith Jones a sawl Williams yn chwarae mewn gêm yng Nghymru! Mae gweld y bechgyn yn ymarfer yn help i mi adnabod y chwaraewyr a chofio'u henwau."

*Ray Gravell yng nghwmni cefnogwr ifanc*

# Cerdd

### Cais Mark Taylor
*(yn erbyn Siapan, 9 Hydref 1999)*

Daw'r bêl yn ôl i gesail Craig
sy'n troi ei gefn fel wal castell
ar wŷr Siapan, mor gadarn
â choncrîd y stadiwm ei hun.

Mae capten Cymru'n cipio'r bêl.
mae'n crymanu heibio'r blenasgellwr.
Fel jet, mae'n gwibio i lawr yr asgell dde,
hanner y cae heb law ar ei grys.

Yn y diwedd mae'n taro'r ddaear.
Ddaw hi'n ôl? Mae'r blaenwyr yn tyrchu . . .
Allan â hi!

Mae olwyr y ddraig yn ei thrafod
fel cerddorion mewn cerddorfa,
nes y daw i ddwylo'r cefnwr.

Llwynog mewn crys coch yw Howarth.
Ar lwybr igam-ogam,
gan daflu'i law i wyneb asgellwr Siapan,
mae'n dawnsio dawns y glocsen
dros y dwy ar hugain.
Cynnig y bêl i Bateman
ac yna chwipio'n ôl yn sydyn
i lwybr y canolwr.

Hwnnw'n clirio gweddill y cae fel combein.
Croesi'r llinell.
Disgyn ar y bêl fel sach datws.
Y dyrfa ar ei thraed! Ogi! Ogi! Ogi!

*Ysgol Capel Garmon*

# Cefnogwyr

Mae cefnogwyr Cymru'n arbennig o bybyr. Hawdd llenwi Stadiwm y Mileniwm pan fydd Cymru'n chwarae gartref a bydd byddin o gefnogwyr yn teithio gyda thîm Cymru i bedwar ban. Person lwcus iawn yw hwnnw sydd â thocyn i wylio Cymru a pherson anlwcus iawn sy'n gorfod mynd i Eisteddfod Gylch neu Sir yr Urdd pan fydd Cymru'n chwarae.

Roedd tymor 2004-05, pan enillodd Cymru'r Goron Driphlyg a'r Gamp Lawn, yn un arbennig iawn i gefnogwyr Cymru. Teithiodd 40,000 o Gymry i wylio'r tîm rhyngwladol yn erbyn yr Alban yn Murrayfield. Yn nhymor 2005-06, chwaraeodd Cymru saith gêm gartref yn Stadiwm y Mileniwm a'r stadiwm yn orlawn bob tro. Felly tyrrodd hanner miliwn o bobl yno i gyd yn ystod y tymor.

Mae awyrgylch Stadiwm yn Mileniwm yn fygythiol iawn i'r timau sy'n dod i chwarae yn erbyn Cymru, gyda'r cefnogwyr yn fôr o goch.

# Codi canu

Mae canu wedi bod yn rhan bwysig o gêmau rygbi Cymru erioed. Pan fydd y canu'n dechrau, mae'r tîm cartref yn cael hwb ychwanegol. Hyd yn oed os yw tîm Cymru'n colli, mae'n rhaid i'r Cymry ganu!

Dyma rai o hoff ganeuon y Cymry wrth wylio rygbi:

- **Hen Wlad fy Nhadau** – canwyd hi am y tro cyntaf fel anthem ym 1905 yn y gêm rhwng Cymru a Seland Newydd, yn ymateb i 'Haka' Seland Newydd. Yn ddiweddar, mae corau a nifer o sêr fel Bryn Terfel, Tom Jones, Shirley Bassey a Katherine Jenkins wedi bod yn canu'r anthem cyn dechrau'r gêm yn y Stadiwm.
- **Calon Lân**
- **Cwm Rhondda** ('Guide me, O Thou Great Jehovah')
- **Sosban Fach** (er mai cân Llanelli yw hon mewn gwirionedd)
- **Hymns and Arias** (cân gan Max Boyce)

Bydd cefnogwyr Cymru'n hoff o wisgo sgarffiau a hetiau coch a gwyn, peintio draig goch ar eu hwynebau a bydd dynion yn gwisgo'r cilt Cymreig. Yn aml iawn bydd cennin a chennin Pedr anferthol yn y dorf hefyd!

Ar ddechrau'r gêm rhwng Cymru a Lloegr yn Ionawr 1963, roedd hi'n rhewi'n gorn. Felly roedd rhaid canu 'Hen Wlad fy Nhadau' heb y tîm – roedd hi'n llawer rhy oer iddyn nhw ddod ar y cae i sefyll yn llonydd!

*Charlotte Church, Max Boyce a Katherine Jenkins*

# Max Boyce

Daw Max Boyce o Lyn-nedd ac roedd yn arfer bod yn löwr. Daeth yn enwog ar ôl recordio noson yn fyw yn 1973, 'Live at Treorchy Rugby Club'. Roedd y noson yn cynnwys Max yn canu ac yn adrodd straeon am y cymoedd a rygbi. Roedd hi'n noson lwyddiannus iawn, a'r dyrfa i gyd yn chwerthin, a chyn hir daeth y record yn boblogaidd hefyd.

Aeth Max ymlaen i recordio eto, gan gyrraedd rhif 1 yn y siartiau recordiau albwm ac ennill disg aur. Hefyd, cafodd gyfresi teledu gyda'r BBC a bu'n cyhoeddi llyfrau o'i ganeuon a'i farddoniaeth. Mae'n dal i gynnal nosweithiau a chymryd rhan mewn pantomeimiau.

Beth yw cyfrinach Max Boyce? Mae ei ganeuon, ei storïau a'i farddoniaeth yn adrodd hanes a theimladau pobl cymoedd de Cymru a chefnogwyr rygbi Cymru. Er enghraifft, mae'n canu baledi am gau'r pyllau glo yn y saithdegau a'r wythdegau ac yn adrodd hanesion doniol am gefnogwyr rygbi ar daith. Mae'n amlwg yn gymeriad cynnes iawn ac yn gallu gwneud i bobl chwerthin yn hawdd iawn. Ar lwyfan, bydd yn gwisgo sgarff a het Cymru a chenhinen anferth ar ei gôt.

## Darllen y *Western Mail*

Mae'r *Western Mail* yn rhoi llawer o sylw i rygbi Cymru. Pan fydd gêm ryngwladol, bydd y *Western Mail* yn cyhoeddi clawr lliw arbennig. Bydd yn cynnwys lluniau ac ystadegau o gêmau'r gorffennol yn erbyn Cymru a'r wlad arall a'r wybodaeth a'r farn ddiweddaraf am y gêm sydd i ddod. Ar ôl pob gêm, bydd dadansoddiad manwl ar dudalennau ôl y *Western Mail* a chyfle hefyd i'r darllenwyr roi eu barn am berfformiad y tîm a dewis eu tîm delfrydol i'r gêm nesaf.

# Stadiwm y Mileniwm, Caerdydd

Dyma brif faes rhyngwladol Cymru. Agorodd y stadiwm ym mis Mehefin 1999. Trechodd Cymru dîm De Affrica yn y brif gêm rygbi gyntaf i'w chwarae yno. Er bod y stadiwm ei hun yn gymharol newydd, mae rygbi wedi cael ei chwarae ar y safle (Parc yr Arfau) ers y 1870au. Felly mae traddodiad hir o chwarae a gwylio rygbi yma. Dyma un o'r ychydig feysydd rhyngwladol sydd yng nghanol dinas. Bob tro mae gêm rygbi ryngwladol yng Nghaerdydd, mae'r ddinas ei hun yn ferw o gefnogwyr.

Mae'r stadiwm yn wych ac mae'r gwylwyr – hyd at 74,500 o bobl – yn teimlo eu bod nhw'n agos at y chwarae. Os bydd hi'n dywydd gwael, mae'n bosib cau'r to.

Serch hynny, mae problemau gyda'r cae. Mae cyngherddau ac ati hefyd yn digwydd yn y stadiwm, felly mae'r cae'n cael ei greu o ryw 7,500 darn (pallet). Yn ystod y gaeaf, nid oes digon o olau'n cyrraedd y cae i'r gwair allu tyfu ac mae'r arwyneb yn torri'n rhwydd. Maen nhw'n ceisio defnyddio lampau golau arbennig i ddatrys y broblem hon.

## Coron Cymru

*(Gweithdy barddoniaeth yn Stadiwm y Mileniwm, Mai 2001.)*

Castell cadarn,
yn amddiffyn bois Graham Henry;

UFO
y chwaraewyr arallfydol;

Big Mac Octodecyr
sy'n rhoi nerth i ni fynegi ein hunain;

Blodyn Venus Fly-Trap
sy'n crensian esgyrn Dallaglio;

Clust enfawr
sy'n clywed curiad calon yr anthem;

Preseli
sy'n llawn o ysbryd echdoe'r hen gewri;

Ogof y ddraig
sy'n poeri fflamau;

Llong-crwser
sy'n dwyn enw Cymru i lygad yr haul ar draws y byd

Oriawr
sy'n dweud bod ein hamser ar fin dod . . .

**Ysgol Arberth**

# Rhai o feysydd eraill Cymru

### Cae'r Bragdy, Pen-y-bont
Dyma stadiwm a oedd yn gartref i glwb Pen-y-bont cyn yr aildrefnu yn 2003. Erbyn hyn mae'n gartref i dîm rygbi'r undeb 'Cigfrain Pen-y-bont' sy'n chwarae yn yr Uwch Gynghrair. Hefyd, mae llawer o gêmau rygbi'r cynghrair yn cael eu cynnal yno.

### Y Cae Ras, Wrecsam
Cae tîm pêl-droed Wrecsam yw'r Cae Ras er 1872, ond mae timau rygbi Cymru a Scarlets Llanelli wedi bod yn chwarae yno hefyd. Mae lle i 15,500 o bobl wylio gêmau.

### Heol Sardis, Pontypridd
Cartref clwb rygbi Pontypridd.

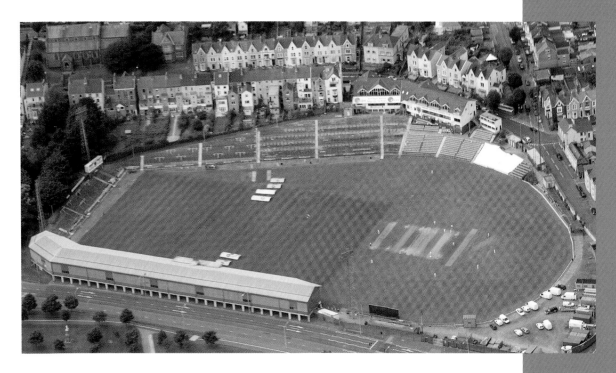

## San Helen, Abertawe

Dyma lle mae clwb rygbi Abertawe'n chwarae. Yn y gorffennol, gwelwyd gêmau mawr yma – dyma lle curodd Abertawe Seland Newydd yn 1935 ac Awstralia yn 1992. Erbyn hyn, bydd gêmau rygbi mawr yn cael eu chwarae yn Stadiwm Liberty (gweler tudalen 34).

### Y Gnoll, Castell-nedd
Cartref tîm rygbi Castell-nedd.

# Cartwnau Gren

Mae Gren (Grenfell Jones, 1934-2007) yn enwog am ei gartwnau o rygbi Cymru.

Roedd Gren yn dod yn wreiddiol o Hengoed. Llwyddodd i greu cartŵn newydd bob dydd i bapur newydd *South Wales Echo* am 40 mlynedd. Roedd ei gartwnau'n dangos bywyd cymoedd de Cymru ym mhentref dychmygol Aberflyarff. Roedd llawer o hiwmor yn ei waith, a defaid o'r enw Nigel a Neville yn cyflwyno negeseuon doniol ar eu cnu.

Roedd Gren yn dwlu ar rygbi, a bob blwyddyn roedd yn cynhyrchu calendr rygbi i gefnogwyr mwyaf pybyr rygbi Cymru. Cyhoeddodd 24 o lyfrau ac enillodd wobr am gartwnydd rhanbarthol gorau Prydain bedair gwaith yn y 1980au. Mae gêm fwrdd sy'n seiliedig ar gymeriadau Gren yn cael ei datblygu ar hyn o bryd.

Beth am efelychu arddull Gren i greu cartŵn o un o'ch arwyr rygbi chi?

*Bleddyn*

*Y cefnogwr*

*Mwynhau'r gêm*

*Y bachwr*

*Y clo*

*Trosiad*

*Ponty a Pop*

# Groggs

Er 1965 mae John Hughes wedi bod yn creu cerfluniau cerameg o enwogion byd rygbi a champau eraill. Dechreuodd mewn sièd yn yr ardd, ond cyn hir symudodd i hen dafarn yn nhref Pontypridd lle mae 'Byd Groggs' o hyd. Pan gafodd tîm rygbi Cymru lwyddiant yn y 1970au, dechreuodd pobl gasglu 'Grogg' o'u hoff chwaraewyr. Erbyn heddiw mae casgliad enfawr o chwaraewyr ddoe a heddiw i ddewis o'u plith nhw.

Cewch ragor o wybodaeth ar: www.groggs.co.uk

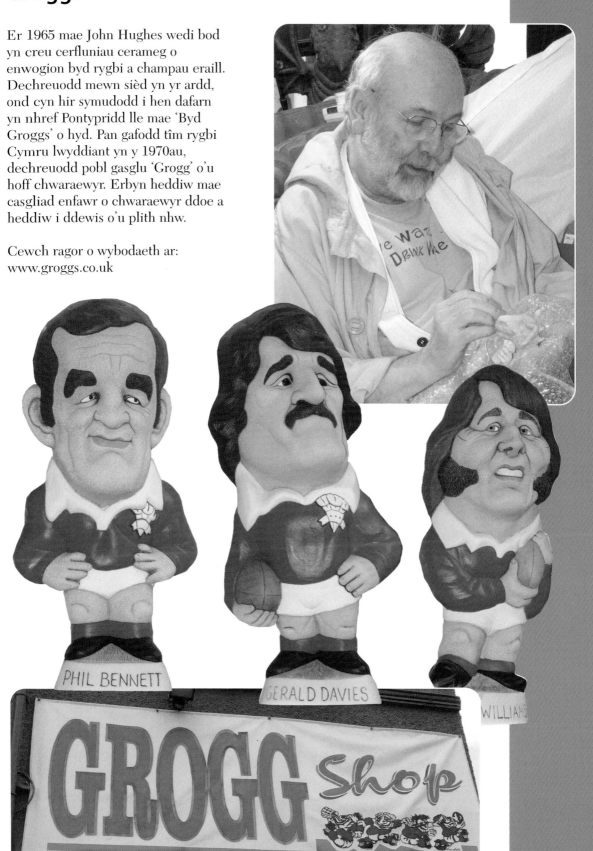

DUNCAN JONES

ADAM JONES

JAMES HOOK

# Geirfa Rygbi

### Calchad
Colli pob gêm mewn cyfres. Er enghraifft, petai Cymru'n colli pob gêm ym Mhencampwriaeth y Chwe Gwlad, byddai'r tîm wedi 'cael calchad'.

### Camp Lawn
Bob blwyddyn, mae timau rygbi Cymru, Lloegr, yr Alban, Iwerddon, Ffrainc a'r Eidal yn chwarae yn erbyn ei gilydd (gweler: Pencampwriaeth y Chwe Gwlad). Mae'r tîm sy'n curo pob tîm arall (ennill pum gêm) yn ennill y Gamp Lawn. Mae tîm rygbi Cymru wedi ennill y Gamp Lawn naw gwaith, y tro diwethaf yn 2005.

### Camsefyll
Os yw chwaraewr o flaen chwaraewr arall o'r un tîm sydd â'r bêl, mae'n camsefyll. Felly does dim hawl ganddo chwarae'r bêl neu atal gwrthwynebydd. Mae llawer o fân reolau eraill yn gysylltiedig â chamsefyll. Er enghraifft, pan fydd sgrym, rhaid i'r olwyr sefyll y tu ôl i linell ddychmygol drwy droed ôl y chwaraewr olaf yn y sgrym.

### Cap
Mae chwaraewr rygbi'n ennill 'cap' pan fydd yn chwarae mewn gêm ryngwladol. Yn y gorffennol, roedd chwaraewr yn ennill cap am bob gêm ryngwladol. Erbyn heddiw, y tro cyntaf maen nhw'n chwarae i'w gwlad yn unig y mae chwaraewyr yn cael cap go iawn.

### Cell cosb
Bydd chwaraewr yn cael ei anfon i'r gell cosb am 10 munud ar ôl cael carden felen am drosedd wael neu chwarae'n beryglus.

### Cic a chwrs
Pan fydd chwaraewr yn cicio'r bêl ac yn rhedeg ar ei hôl ei hunan (cwrso'r bêl).

### Coron Driphlyg
Bob blwyddyn, mae timau rygbi Cymru, Lloegr, yr Alban ac Iwerddon yn chwarae yn erbyn ei gilydd. Mae'r wlad sy'n curo pob gwlad arall ym Mhrydain (ennill tair gêm) yn cael y Goron Driphlyg y flwyddyn honno. Mae Cymru wedi ennill y Goron Driphlyg 18 gwaith, y tro diwethaf yn 2005.

### Cwpan EDF Energy
Mae cwmni EDF Energy'n noddi cystadleuaeth gwpan rhwng timau Cymru a Lloegr (Cwpan Eingl-Gymreig). Mae pedwar rhanbarth Cymru a 12 prif glwb Lloegr yn cystadlu am y cwpan hwn. Mae'r timau mwyaf llwyddiannus yng nghystadleuaeth y cwpan hwn yn cael cystadlu yng nghystadleuaeth Cwpan Heineken y tymor canlynol.

### Cwpan Heineken
Cystadleuaeth gwpan i dimau Ewrop yw hon. Mae 24 tîm yn cael eu gosod mewn 6 grŵp o bedwar a'r goreuon yn cyrraedd y rowndiau gogynderfynol. Hyd at dymor 2006-07, does dim un tîm o Gymru wedi ennill Cwpan Heineken.

### Cwpan Rygbi'r Byd
Er 1987, cynhelir cystadleuaeth Cwpan Rygbi'r Byd bob pedair blynedd. Mae'r enillwyr yn ennill Cwpan William Webb Ellis, y cyntaf erioed i chwarae rygbi. Dyma'r enillwyr hyd yma:1987 – Seland Newydd; 1991 – Awstralia; 1995 – De Affrica; 1999 – Awstralia; 2003 – Lloegr.

### Cynghrair Celtaidd / Cynghrair Magners
Cystadleuaeth rhwng 10 tîm o'r gwledydd Celtaidd: 4 tîm rhanbarthol Cymru, 2 dîm yr Alban (Caeredin a Glasgow) a 4 tîm rhanbarthol Iwerddon (Connacht, Leinster, Munster ac Ulster). Ar hyn o bryd, cwmni Magners sy'n noddi'r gystadleuaeth. Y timau ar frig y tabl ar ddiwedd y tymor sy'n cael cystadlu yng nghystadleuaeth Cwpan Heineken y tymor canlynol.

### Ennill y bêl yn erbyn y pen
Pan fydd tîm yn ennill y bêl yn y sgrym neu'r lein a'r gwrthwynebwyr wedi bod â'r meddiant, byddant wedi ennill y bêl yn erbyn y pen.

### Hirgron – y bêl hirgron
Enw arall ar bêl rygbi. Mae'n bosibl dweud "mae'n hoffi chwarae'r bêl hirgron", yn lle dweud "mae'n hoffi chwarae rygbi".

### Y Llewod
Tîm rygbi Prydain yw'r Llewod. Mae'r aelodau'n cael eu dewis o dimau Cymru, Lloegr, yr Alban ac Iwerddon. Mae'r Llewod yn mynd ar daith bob rhyw dair blynedd i un o wledydd hemisffer y De: De Affrica, Awstralia a Seland Newydd. Maen nhw'n gwisgo crysau coch, siorts gwyn, sanau glas a darn gwyrdd ar eu pennau i ddangos eu bod yn cynrychioli pob un o dimau gwledydd Prydain.

### Llinell Fantais

Wrth 'groesi'r llinell fantais' mae'r tîm sy'n ymosod yn llwyddo i fynd heibio i'r amddiffyn.

### Llwy Bren

Bob blwyddyn, mae timau rygbi Cymru, Lloegr, yr Alban, Iwerddon, Ffrainc a'r Eidal yn chwarae yn erbyn ei gilydd (gweler: 'Pencampwriaeth y Chwe Gwlad'). Y tîm ar waelod y tabl ar ôl i'r holl gêmau gael eu chwarae sy'n cael y Llwy Bren.

### Ochrgamu

Camu i'r ochr i osgoi gwrthwynebwyr a dod o hyd i fwlch yn yr amddiffyn.

### Oes Aur

Yr enw am gyfnod llwyddiannus yn hanes unrhyw gamp. Cafodd tîm rygbi Cymru'r oes aur ddiwethaf yn y 1970au.

### Pencampwriaeth y Chwe Gwlad

Rhwng mis Ionawr a mis Mawrth bob blwyddyn, bydd timau rygbi Cymru, Lloegr, yr Alban, Iwerddon, Ffrainc a'r Eidal yn chwarae yn erbyn ei gilydd. Felly bydd pob gwlad yn chwarae 5 gêm. Bydd rhai o'r gêmau hyn gartref, a rhai bant. Os bydd Cymru wedi chwarae yn erbyn Lloegr yn Stadiwm y Mileniwm un flwyddyn, bydd y gêm yn Twickenham y flwyddyn ganlynol. Mae'r tîm sy'n curo pob gwlad arall yn ennill y Gamp Lawn (gweler 'Camp Lawn'). Mae'r tîm sydd ar frig y tabl ar ddiwedd pob tymor yn ennill y Bencampwriaeth. Os oes gan ddau dîm yr un nifer o bwyntiau, y tîm sydd gyda'r gwahaniaeth pwytiau mwyaf sy'n ennill. Mae Cymru wedi ennill y bencampwriaeth 23 gwaith. Cyn i'r Eidal ymuno â'r bencampwriaeth yn 2000, 'Pencampwriaeth y Pum Gwlad' oedd hi.

### Rygbi'r Cynghrair

Dechreuodd rygbi'r cynghrair yng ngogledd Lloegr yn 1895. Roedd chwaraewyr wedi dechrau cael eu talu am eu bod yn colli cyflog wrth chwarae. Felly doedden nhw ddim yn chwaraewyr 'amatur' a rhannodd rygbi'n ddwy ran – rygbi'r undeb (o dan undebau rygbi Cymru, Lloegr a gwledydd eraill) a rygbi'r cynghrair. Yn ystod yr 20fed ganrif yng Nghymru, symudodd llawer o chwaraewyr gorau rygbi i chwarae rygbi'r cynghrair yng ngogledd Lloegr er mwyn ennill rhagor o arian. Mae rheolau rygbi'r undeb a rygbi'r cynghrair yn wahanol i'w gilydd; er enghraifft does dim sgrymiau na leiniau yn rygbi'r cynghrair.

### Rygbi'r Undeb

Yr 'undeb' yn 'rygbi'r undeb' yw Undeb Rygbi Cymru, gweler 'Undeb Rygbi Cymru'. Hyd at 1995, doedd chwaraewyr rygbi'r undeb ddim yn cael eu talu. Os oedd chwaraewr yn troi at rygbi'r cynghrair, a chael ei dalu, ni fyddai byth yn cael dod yn ôl i chwarae rygbi'r undeb eto. Newidiodd hyn yn 1995 pan drodd chwaraewyr rygbi'r undeb yn chwaraewyr proffesiynol.

### Rhyng-gipio

Gwrthwynebydd yn dal y bêl wrth iddi gael ei phasio rhwng aelodau'r tîm arall.

### Trosgais

Cais sydd hefyd wedi cael ei drosi drwy gicio'r bêl rhwng y pyst. Mae trosgais yn werth 7 pwynt, hynny yw, cais (5 pwynt) a throsiad (2 bwynt).

### Undeb Rygbi Cymru (WRU)

Undeb Rygbi Cymru sy'n rheoli rygbi yng Nghymru. Sefydlwyd yr Undeb yn 1881 a'i enw'r pryd hwnnw oedd 'Welsh Football Union', ond newidiwyd yr enw yn 1934. Mae 293 o glybiau rygbi'n aelodau o'r undeb. Yn ogystal, yr undeb sy'n rheoli'r tîm cenedlaethol, y cynghreiriau cenedlaethol a chystadlaethau'r cwpanau. Undeb Rygbi Cymru sy'n berchen ar Stadiwm y Mileniwm.